GUÍA PARA PADRES CON POCO TIEMPO Y MUCHO CARIÑO

Luis Muiño

GUÍA PARA PADRES CON POCO TIEMPO Y MUCHO CARIÑO

JUVENTUD

*A Javi, que todavía tiene la esperanza
de enseñarme a ser padre.*

Dirección de colección: Isabel Martí Castro
Coordinación editorial: IMJC, S.L.
Queda rigurosamente prohibida, sin la autorización escrita
de los titulares del copyright, bajo las sanciones establecidas
por las leyes, la reproducción parcial o total de esta obra
por cualquier medio o procedimiento, comprendidos la reprografía
y el tratamiento informático, y la distribución de ejemplares
mediante alquiler o préstamo públicos.

© Luis Muiño Martínez
© EDITORIAL JUVENTUD, S. A. 2006
Provença, 101 - 08029 Barcelona
info@editorialjuventud.es
www.editorialjuventud.es

Ilustraciones interiores y de cubierta: Cristina Picazo
Primera edición, 2006
Depósito legal: B. 7054-2006
ISBN 84-261-3525-0
Núm. de edición de E. J.: 10785
Impreso en España - Printed in Spain
Limpergraf, c/ Mogoda, 29, Barberà del Vallès-Barcelona

ÍNDICE

Prólogo — 9

1. Mi hijo está jugando. Cómo educar en momentos lúdicos — 15
La hormiga y la cigarra — 17
Maneras de vivir — 18
Recorriendo dos senderos. Situaciones cotidianas evolutivas — 19
    El bebé empieza a jugar. 0 años/1 año — 22
    El niño empieza a jugar y ya sabe andar. 1 año/2 años — 26
    El niño descubre juegos distintos. 2 años/4 años — 29
    El niño empieza a dibujar. 18 meses/3 años — 30
    El niño ya juega a lo que más le gusta. 4 años/6 años — 30
    El niño dibuja situaciones. 3 años/6 años — 33

2. Mi hijo está enfadado. Cómo educar en situaciones de tensión — 37
¡Es que mi hijo tiene un carácter! — 39
Si quieres que te escuchen, aprende a levantar la mano... y a mantenerla ahí arriba — 41
Como me vuelvas a contestar te mando a la habitación.... aunque luego me arrepienta — 42
Aprendiendo a negociar. Situaciones cotidianas evolutivas — 45
    El bebé está llorando. 0 años/18 meses — 48
    El niño nos reta diciendo no a todo. 18 meses/4 años — 50

El niño se levanta siempre de mal humor. 2 años/4 años — 52
El niño se enfada sin razón o con malos modos. 4 años/6 años — 54
El niño se enfada con razón y buenos modos. 4 años/6 años — 55

3. Mi hijo está asustado. Cómo educar viajando en la dirección del miedo — 57
Alberto y las ratas — 59
Los miedos se extinguen si no se les tiene miedo — 61
Los vendedores de miedo y los que generan confianza — 64
Viajando en la dirección del miedo. Situaciones cotidianas evolutivas — 67
  El bebé teme a los que no conoce. 6 meses/18 meses — 68
  El niño tiene pánico a determinados animales. 2 años/5 años — 70
  El niño no quiere quedarse solo. 4 años/6 años — 73

4. Mi hijo está comiendo. Cómo educar mientras alimentamos — 77
Las peripecias de Harry Harlow — 79
El que tiene boca se equivoca — 81
Comer para vivir. Situaciones cotidianas evolutivas — 83
  El bebé empieza a alimentarse. 0 años/1 año — 83
  El niño empieza a masticar. 1 año/3 años — 85
  El niño sólo come lo que le gusta. 3 años/4 años — 87
  El niño tiene tendencia a la obesidad. 4 años/6 años — 90

5. Mi hijo tiene dificultades con el sueño. Cómo educar para dormir — 95
En lucha contra el tiempo — 97
Pero ¿dónde se ha metido Morfeo? — 98
Vamos a verlo dormir. Situaciones cotidianas evolutivas — 100
  El bebé no ha asimilado mis pautas de sueño. 0 años/1año — 101
  El niño tiene miedo a la oscuridad. 18 meses/3 años — 104
  El niño empieza a dormir solo. 3 años/6 años — 106

6. Mi hijo está aprendiendo normas. Cómo educar mientras establecemos límites — 111
Los tiempos están cambiando — 113
Todos los hombres son iguales — 115
La dificultad de ser libre — 116
Transmitiendo la norma. Situaciones cotidianas evolutivas — 118
    El bebé empieza a hacer travesuras. 0 años/18 meses — 118
    El niño aprende normas. 18 meses/4 años — 120
    El niño tiene problemas por la falta de normas. 4 años/6 años — 124
    El niño quiere ponerte normas. 4 años/6 años — 127

7. Mi hijo se relaciona. Cómo educar cuando, a la vez, otros están educando — 131
Cómo reconciliar aquello que parece imposible — 133
¿Quién educa? — 135
Una nueva reconciliación — 136
Ponerse de acuerdo. Situaciones cotidianas evolutivas — 137
    El bebé quiere estar todo el tiempo conmigo. 0 años/18 meses — 137
    El niño tiene miedo a los desconocidos. 18 meses/3 años — 138
    El niño se está adaptando al colegio. 3 años/4 años — 143
    El niño no está seguro de sí mismo cuando se relaciona con los demás. 4 años/6 años — 147

8. Mi hijo busca su personalidad. Cómo educar en la diferencia — 153
El hombre elefante — 155
Lo importante es el interior — 156
Algo más que la paz interior — 156
Buscando la propia identidad. Situaciones cotidianas evolutivas — 157
    El bebé tiene alguna discapacidad. 0 años/18 meses — 159
    El niño se considera un «patito feo». 18 meses/4 años — 163
    El niño no encuentra «su sitio». 4 años/6 años — 166

9. Mi hijo vive una situación difícil. Cómo educar para superar los problemas   171

El ordenador al que le gustaba escuchar   173
Alguien a quien todo lo humano le resulta ajeno   175
Los humanos podemos abrazar   178
Una palabra muy fea que recoge un hermoso concepto. Situaciones cotidianas evolutivas   179
    El bebé no acepta que yo vuelva a trabajar   179
      0 años/18 meses
    El niño pasa por momentos difíciles y no me los puede explicar.   183
      18 meses/4 años
    El niño se siente indefenso ante los problemas   185
      4 años/6 años

Bibliografía selecta   189

PRÓLOGO

EL RECUERDO QUE NO ESTABA AHÍ

A principios del siglo XX tuvo lugar uno de los casos más fascinantes de criptomnesia, es decir, de recuerdos infantiles que surgen a pesar de que la persona desconoce tenerlos.

La protagonista del suceso, una muchacha normal y corriente, se convirtió, a partir de determinado momento, en la persona a través de la cual se comunicaba Blanche Poynings, una dama que había vivido en el siglo XIV. El personaje medieval se empezó a manifestar durante una sesión de hipnosis y, desde entonces, cuando la muchacha caía en estado de trance, Blanche Poynings hacía su aparición y hablaba de lo que había sido su vida. Contaba, por ejemplo, asuntos amorosos de la corte de Ricardo II que muy pocos historiadores conocían. También describía con exactitud la forma de vestir de sus contemporáneos, los tipos de pan que comían las diferentes clases sociales, y los nombres de esposos, hijos y parientes de diversos personajes de la época.

Los datos eran misteriosamente precisos: parecía imposible que aquella muchacha sencilla, que no tenía ningún conocimiento de la época de Ricardo II, pudiera producir todo ese material. De hecho, ella era la primera asombrada: no creía haber oído hablar nunca de Blanche Poynings, el espíritu que se manifestaba en las sesiones de hipnosis.

La misma muchacha fue la que dio la pista para la solución del caso. En una de las sesiones, fuera de contexto, surgieron tres palabras. Era el título de una novela que su madre le había leído cuando era una niña. En la obra estaban todos los datos sobre Blanche Poynings. Lo fascinante del caso es que en estado de vigilia la muchacha ni siquiera recordaba haberla leído. Hipnotizada, sin embargo, había sido capaz de recordar y reelaborar datos de todo el libro, incluido un apéndice genealógico de nombres, con una exactitud asombrosa.

EDUCAR ES COSA DE SABIOS

Como futuro padre, me preocupé mucho cuando empecé a oír hablar de casos como ése. Me dio por pensar que si podían ocurrir sucesos tan extraños, entonces la influencia que yo podía tener en mi hijo era prácticamente ilimitada. «Los padres somos casi omnipotentes», pensé. Si una muchacha era capaz de recordar nombres y descripciones de un libro que su madre le había leído de pequeña, entonces todo lo que hiciéramos, dijéramos y sintiéramos podía influir en nuestros hijos. Y en ese caso, el asunto de educar se convertía en una labor titánica.

Por culpa de historias como ésa y de alguna más que leí en varios libros sobre el tema, estuve tentado de dar la razón al autor de una pintada que leí en la entrada de un colegio («La educación es un asunto muy serio que no podemos dejar en manos de nuestros padres y profesores») y abandonar la idea de emprender tan desmesurado esfuerzo. La responsabilidad de educar a un niño me parecía excesiva. No sabía si estaba preparado.

Además, por esas épocas, yo combinaba dos lecturas: un libro sobre psicología de la infancia de cuyo nombre no quiero acordarme y *Adiós a todo eso*, la lúcida autobiografía que escribió Robert Graves. En el primero, se explicaba pormenorizadamente los millones de posibles fallos que podemos cometer los padres educando a nuestros hijos. En el segundo, había un fragmento en el que explicaba cómo funciona la vida intelectual mientras uno tiene hijos pequeños. Decía así:

> Yo continué mi trabajo, porque la necesidad de ganar dinero me obligaba y porque nunca nada me ha impedido escribir. Nancy y yo pasábamos mucho tiempo limpiando la casa, lo que nos dejaba muy pocos ratos libres para cualquier otra cosa [...]. Yo trabajaba entre constantes interrupciones. Podía reconocer las principales variedades de gritos infantiles: hambre, indigestión, pipí, aburrimiento, ganas de jugar; y aprendí a no hacer caso más que de los importantes. La mayor parte de los libros en prosa que escribí durante esos cuatro años revelan las condiciones en que los hice: son fragmentarios, poco maduros y evidentemente fueron escritos lejos de una biblioteca.

Me considero una persona reflexiva, es decir, alguien que tiene que pensar mucho tiempo y con mucha intensidad para conseguir hacer algo medianamente bien. Así pues, me estaban augurando un fracaso seguro: por una parte, los manuales sobre el tema decían que educar es una labor muy complicada y, por otra, mi admirado Robert Graves me advertía de que no iba a tener ni un minuto para poder pensar en tan complicado asunto.

TODOS SOMOS SABIOS

Por fortuna, me dedico a la psicoterapia desde hace quince años. Trabajo habitualmente con niños y, además, los adultos a los que intento ayudar también han sido niños. Y tanto unos como otros me daban una imagen muy distinta de lo que significa educar.

En primer lugar, los problemas terapéuticos que yo me había encontrado me indicaban que la educación es un proceso holístico, es decir, que hay que verlo en su totalidad. Los actos aislados de nuestros padres apenas influyen en nosotros: lo que importa realmente es el proceso continuo. Para educar a un hijo no es necesario obsesionarse con cada acto, cada gesto y cada palabra. Lo que me decían mis pacientes era que el bien o el mal que sus padres les habían hecho había sido siempre fruto de los objetivos globales. La educación es un continuo: lo que cuenta es el conjunto.

Y en segundo lugar, mi experiencia terapéutica me demostraba que la educación no consiste en transmitir muchas cosas, sino más bien en preparar a nuestros hijos para que las busquen ellos mismos. En realidad, el objeto de la educación es preparar a los niños para educarse a sí mismos a lo largo de sus vidas. Es necesario transmitir algunos conceptos básicos (una amiga decía siempre que basta con enseñar a decir «gracias», «por favor» y «lo siento»), pero ser padre no significa estar continuamente dando información a nuestros hijos.

La experiencia terapéutica (que es, al final, experiencia de vida) me salvó de caer en el temor a la excesiva responsabilidad. De esto hace cuatro años, y ahora me alegro mucho de haberle perdido el miedo a la labor de educar.

LA *GUÍA PARA PADRES CON POCO TIEMPO Y MUCHO CARIÑO*

Mi hijo me ha enseñado que educar no es tarea de héroes. Ser madre o ser padre es una labor que se puede realizar aunque uno tenga poco tiempo, esté bastante cansado y no sepa mucha teoría psicológica. Lo único que necesitamos para conseguirlo es querer a nuestros hijos y ser capaces de empatizar con ellos, es decir, de ponernos en su lugar en determinados momentos para tener la paciencia suficiente para acompasarnos a sus ritmos de aprendizaje.

La intención de esta guía es establecer un marco de educación que permita que, al cabo de sus seis primeros años, nuestros hijos empiecen a desarrollar factores para una buena salud mental: personalidad incipiente, capacidad para afrontar los problemas, autoestima y resiliencia (la capacidad del ser humano para superar situaciones difíciles), ritmos vitales, tolerancia a la tensión interpersonal... Hablaremos de estos conceptos y, sobre todo, los aplicaremos a situaciones prácticas.

Los conceptos que se explican en cada capítulo de la guía son los que vienen a continuación. Como verás, algunos de ellos tienen un icono con el fin de facilitar tu lectura y no tener que poner siempre el título al que hace referencia. Estos apartados que llevan un icono están representados en el interior de los capítulos mediante cuadros.

- **Texto general**

    Te servirá para empezar a plantearte preguntas acerca del tema de cada capítulo.

- **Una serie de situaciones**

    Se exponen situaciones de la vida cotidiana con tu hijo en las que podrás trabajar los conceptos que se tratan en ese capítulo. A veces, las situaciones serán generales, es decir, circunstancias que surgen con todos los hijos, como es el caso de «El niño empieza a dibujar». En otras ocasiones, la situación es un ejemplo de los muchos que se pueden poner que permiten trabajar el tema del capítulo. Así, «El bebé no acepta que yo vuelva a trabajar» es uno de los muchos asuntos que pueden surgir en la franja de edad 0 años-18 meses y que te permiten ayudar a tu hijo a que aprenda a superar dificultades. En ambos casos, recuerda que las edades son orientativas: no hay nada extraño en que tu hijo esté, por ejemplo, pasando la etapa del no con cinco años. La franja de edad que figura en las situaciones sirve, principalmente, para reconocerlas mejor y dar una orientación.

- **Teoría práctica**

    En este apartado encontrarás conceptos teóricos básicos desarrollados de forma muy breve y clara.

- **La infancia mágica**

    Bajo este epígrafe podrás leer anécdotas que ilustran el material teórico y que lo conectan con el sugerente mundo infantil.

- **Conociendo a nuestros hijos**

  En este apartado se exponen experimentos o investigaciones que ilustran las ideas teóricas del capítulo.

- **¿Cómo será su mundo?**

  Este apartado contiene historias que van a hacerte pensar hacia dónde camina el mundo y cuáles pueden ser los aspectos positivos y negativos del tiempo en el que vivirán nuestros hijos.

Cuando te adentres en la *Guía para padres con poco tiempo y mucho cariño* irás viendo que los ejemplos se refieren casi siempre al mundo euroamericano contemporáneo y a las tendencias que parece que van a marcar su futuro. He elegido esos ejemplos porque opino que la educación se debe basar en lo que creemos que va a ser el futuro, no en lo que sabemos que fue el pasado. Nuestros hijos van a vivir en un tiempo que está por venir y es para lo que tienen que estar preparados. Poner ejemplos de otras culturas o de otras épocas (cosa que, sorprendentemente, hacen muchos libros que pretenden ayudar a educar a nuestros hijos) me parece que es olvidar cuál es el fin de la educación.

Tal como yo lo entiendo, el objetivo de la educación es servir de anfitriones a nuestros hijos en un lugar que se llama futuro. Aunque no conocemos el lugar en cuestión, podemos adivinarlo a partir del plano que nos dibuja el presente. Vamos a ello.

1

Mi hijo está jugando
Cómo educar en momentos lúdicos

LA HORMIGA Y LA CIGARRA

Era verano y había una temperatura muy agradable en el ambiente. Soplaba una ligera brisa, y aquello era justo lo que necesitaba para ser feliz la cigarra que cantaba mientras tocaba la guitarra a la sombra de un árbol. Aquello sí que era vida: sin esfuerzos, sin objetivos que cumplir y sin metas que alcanzar. Sólo el placer de disfrutar. La cigarra era el bicho más feliz del mundo.

O eso creía. Porque cuando estaba en lo mejor de ese alegre estado de ánimo, apareció por allí una hormiga que llevaba a cuestas un grano de trigo muy grande. La cigarra, al principio, continuó disfrutando de su estilo de felicidad y quiso que la esforzada hormiga participara con ella de su exitosa forma de ver el mundo: «¿Adónde vas con tanto peso? ¡Si hace un día maravilloso! Ven aquí conmigo y nos echamos unas risas juntas y pasamos un buen rato, que el disfrute en compañía siempre es más gozoso...».

Pero la hormiga no le hizo ningún caso: siguió cargando, afanosa. Eso sí, en medio del esfuerzo todavía tuvo tiempo para replicar: «¡Que no te enteras! Lo más importante en la vida es hacer las cosas bien. La única felicidad que existe es la satisfacción que uno tiene cuando comprueba que ha cumplido sus objetivos. ¡Ya verás cuando llegue el invierno! ¡No tendrás nada para comer! ¡Entonces te arrepentirás de no haberte esforzado!».

Ya se sabe, el invierno llegó. Y, según las versiones del cuento, ocurrieron sucesos más dramáticos (la cigarra se muere mientras la hormiga, sádicamente, se ríe de ella) o más solidarios (la hormiga comparte el trigo con la cigarra y deciden que al año siguiente trabajarán y se divertirán juntas aprendiendo la una de la otra).

En todo caso, es importante resaltar que hay en esta fábula un momento muy decisivo: aquel en que la cigarra y la hormiga descubren que el suyo no es el único tipo de felicidad…

MANERAS DE VIVIR

En realidad, cuando hablamos de *felicidad*, tendemos a confundir dos fenómenos que son totalmente distintos: la felicidad-cigarra y la felicidad-hormiga.

La primera, la *felicidad-cigarra*, es la felicidad hedónica. La sientes cuando disfrutas de placeres vitales sencillos: una puesta de sol, una buena comida, un rato escuchando la música que a uno le gusta… Ser hedónico significa disfrutar de actividades que no sirvan para nada. Cuando estás disfrutando de ese tipo de felicidad no pretendes tener más poder, no buscas que te quieran más y tampoco intentas hacer las cosas bien. La felicidad-cigarra consiste en vivir por vivir.

La segunda, la *felicidad-hormiga*, es la que alcanzas cuando has cumplido un objetivo. La puedes disfrutar después de recibir elogios por tu trabajo, saber que vas a tener una oportunidad laboral muy estimulante o terminar un informe difícil. La actividad tiene un sentido claro: tú has conseguido subir un peldaño que te hace avanzar en esa línea vital, y eso hace que te sientas a gusto. La felicidad-hormiga consiste en vivir para vivir.

Los dos tipos de felicidad son un síntoma de buena salud mental. No hay por qué escoger una sola. Nos adaptaremos mejor a las circunstancias si buscamos una u otra en función del momento vital en el que nos encontremos:

Ⓐ Disfrutar sin pensar en objetivos sirve para recuperar el ritmo vital y nuestra forma de ser. Cuando vivimos la felicidad-cigarra y nos centramos en nuestra burbuja de hedonismo, las presiones del exterior dejan de existir y volvemos a ser nosotros mismos. Y eso es muy importante para afrontar momentos de estrés o épocas de la vida en que las circunstancias externas quieren imponernos algo que no va con nuestra forma de ser.

Ⓑ Por otra parte, fijarse objetivos sirve para proporcionar sensación de estructura. Cuando alcanzamos nuestros sueños, sentimos que nuestra vida es un sendero, y este nuevo paso que hemos dado nos mantiene dentro del camino. La felicidad-hormiga nos da un sentido vital que permite que las alegrías y tristezas sean algo más que momentos aislados.

Estos dos estados de ánimo son diferentes, y por eso, cuando se hacen investigaciones sobre este tema, se descubre que los seres humanos alcanzan los dos tipos de felicidad mencionados de forma independiente. En algunos momentos, vivimos la felicidad-cigarra; en otros, la felicidad-hormiga. En muchas épocas de nuestra vida, sólo buscamos una de ellas; en otras, combinamos las dos...

RECORRIENDO DOS SENDEROS. SITUACIONES COTIDIANAS EVOLUTIVAS

Educar es, en gran parte, encaminar a nuestros hijos hacia los senderos que pueden recorrer. El juego nos va a servir para ayudarlos a encontrar el camino que los llevará a los dos estados de ánimo que buscarán a lo largo de su vida: la felicidad-cigarra y la felicidad-hormiga. En algunos momentos, lo lúdico será una forma de disfrutar del placer de los sentidos, y en otras ocasiones, una manera de ensayar objetivos vitales.

Vamos a ir siguiendo, poco a poco, esos dos caminos. Cada etapa te dará una oportunidad de introducir a tu hijo en cuestiones esenciales para esos dos aspectos de la vida. En los primeros años, verás que su *lado cigarra* será estimulado, progresivamente, por sus primeras sensaciones, por su sentido del ritmo, por el placer de reírse jugando a ser mayor... Su *lado hormiga* comenzará a cultivarse a partir de una incipiente capacidad de manipular sus juguetes y su cuerpo: empezar a andar será su mayor objetivo. Después, el aprendizaje vicario (o aprendizaje por imitación) hará que represente continuamente situaciones en las que logre objetivos.

Lentamente, a partir de los dos o tres años, ambos aspectos de la vida empezarán a establecerse. Por un lado, tu hijo seguirá disfrutando del mundo de las sensaciones dentro del mundo real y en su mundo imaginario: en él es el rey y podrá hacer lo que quiera. En ese mismo mundo, también podrá desarrollar aspectos que le sirvan para que su lado hormiga progrese: una imagen de sí mismo que le ayude a alcanzar objetivos, sentido para lo que hace y lo que quiere ser de mayor, un estilo de pensamiento que le permita analizar el mundo... A través de lo lúdico –el juego y el dibujo–, tu hijo acabará madurando los dos aspectos básicos de su personalidad.

CAMBIAR EL MUNDO

El aspecto lúdico de la relación con nuestros hijos no se da sólo en el juego: también las actividades *provechosas* (cocinar, preparar una fiesta en casa, hacer la compra) pueden ser tomadas por el niño como un juego. La diferencia es que además este tipo de actos son reales, es decir, tienen consecuencias sobre lo que nos rodea, y el niño puede aprender a partir de los resultados.

Nuestra tendencia a protegerlos puede hacer que olvidemos un aspecto muy importante de la psicología del niño: la necesidad de intervenir en la realidad. A partir de cierta edad, el niño para ser feliz tiene que sentir que, a veces, cambia el mundo...

Hace unos años, Robert Nozick, profesor de filosofía en Harvard, diseñó un curioso experimento mental. Propuso a sus lectores que imaginaran una máquina que pudiera proporcionar cualquier tipo de experiencias que desearan. Dentro de ese aparato tendrían las mismas sensaciones y sentimientos que si estuvieran experimentando de verdad el mundo. Por ejemplo, podrían sentirse exactamente igual que si la paz mundial se hubiera conseguido, vivir las emociones que les produciría el que les hubiera tocado la lotería o participar del mismo estado mental que se adquiere después de haber tenido una idea brillante y creativa, de esas que uno sabe que le van a proporcionar fama y dinero. Por supuesto, todo eso lo sentirían dentro de la máquina. El mundo, afuera, continuaría su camino. Simplemente serían sensaciones. Nada sería real...

Pero una vez introducidos en la máquina, no se acordarían de haber entrado en ella y jamás podrían salir. ¿Qué te parece? ¿Tú aceptarías entrar?

La inmensa mayoría de la gente respondió que no: para ellos, ese aparato sería sólo un inmenso engaño. Este filósofo demostraba así que la mayor parte de la gente necesita una felicidad real, una felicidad consciente que intervenga en el mundo. No nos basta con sentirnos bien: queremos que nuestro sentimiento se corresponda con la realidad.

Olvidamos frecuentemente que esto también les ocurre a nuestros hijos. Por nuestro afán de protección, podemos convertir su mundo en un lugar parecido a esa máquina de Nozick en la que el niño permanece feliz sin vivir el mundo real. Sin embargo, a medida que el niño se hace mayor, su felicidad depende inevitablemente de la sensación de control interno que vaya adquiriendo: para estar a gusto necesita saber que va cogiendo gradualmente las riendas de su propia vida.

Por eso es esencial que, a veces, jueguen de verdad. Adquirir nuevos aprendizajes es una tarea difícil, y los padres, quizá porque no disponemos de mucho tiempo para enseñarles, solemos preferir peinarlos y vestirlos nosotros a invertir un esfuerzo y un tiempo muy valioso para que lo aprendan por sí mismos y corrijan sus errores. Deja que ellos participen de las tareas cotidianas y que aprendan a resolver los pequeños conflictos diarios y a superar pequeñas metas. Así sabrán que también pueden cambiar el mundo.

EL BEBÉ EMPIEZA A JUGAR 0 años/1 año

Recuerda que, al principio, su capacidad manipulativa, es decir, su habilidad para hacer cosas con las manos, es limitada. Por eso, en los primeros meses, tu hijo se relaciona con el mundo a través de la vista, el oído y el tacto. Sus primeros juegos serán ver caras de cerca y sentir objetos móviles, sonoros y de colores vivos. Puedes aprovechar, también, el ambiente que lo rodea permanentemente para estimularlo. Ten cerca de él algunos objetos que le resulten interesantes: sábanas de estampados vistosos, calcetines con motivos llamativos, una almohada con un tacto especial...

Poco a poco, tu hijo entrará en la etapa de las adquisiciones sensoriomotrices, es decir, aprenderá a usar su cuerpo. Pon a su disposición juegos de acción, de sensaciones y de movimientos. Los objetos más estimulantes en los seis primeros meses son los objetos móviles (búscalos con piezas de recambio para variar la composición), los mordedores y los juguetes de apretar, las pelotas y los juguetes blandos, las fotografías plastificadas (reconocer caras es un juego muy estimulante para los bebes), los espejos y los juguetes sonoros. Busca preferentemente los que hagan algo cuando él los manipula: por ejemplo, pueden sonar de forma diferente al ser tirados, agitados o apretados.

Empieza a jugar con él desde el primer día. Al principio, lleva a cabo actividades de lenguaje y ritmo. Por ejemplo, cántale canciones de melodía y compás muy definido cuando lo cambies, lo abraces o lo mezas para dormirlo. Después, pon en práctica juegos y actividades motrices: baila con él, acúnalo, mímalo, mécelo adelante y atrás al ritmo de melodías sencillas. Le gusta que lo sientes, lo pongas sobre tus rodillas y lo pasees por la habitación. Hazlo siempre con suavidad y firmeza: eso hará que se lo tome como un juego.

Integra sus nuevas adquisiciones mentales en tus juegos con él. Poco a poco, empezará a recordar conceptos sencillos, a identificar su persona, a conocer las partes de su cuerpo y a reconocer a quienes ve con frecuencia. Además, le entusiasmarán los objetos, que estudiará metiéndolos y sacándolos de las cajas, buscándolos si están escondidos... Al final de esta etapa, imitará sonidos y estará a punto de andar. Proporciónale juguetes que potencien estas nuevas capacidades. Por ejemplo: tentetiesos sonoros (que se pueden colocar en la mesa donde come o cerca de su sillita para que los manipule), pelotas, juguetes con ruedas, libros duros, libros de tela o de plástico (y mejor con ilustraciones grandes y sencillas), cubos grandes y blandos, muñecos de peluche (deben estar bien confeccionados y ser de una sola pieza), envases, tazas y juguetes que floten (la bañera se puede convertir, en esta época, en un mundo de sensaciones en las que descubrir la gravedad, el peso, etcétera).

Al final de esta etapa, procura variar lo más posible tus juegos con el niño. Fomentar su curiosidad es esencial. Para hacerlo, busca actividades que le permitan hacerse preguntas sobre el mundo: esconde algo en una mano y pídele que acierte en cuál, soplad juntos por tubos o agujeros y descubrid sus sonidos, imitad sonidos de animales... Empieza, también, a crearle conciencia de peligro y de que tiene necesidad de autoprotegerse; por ejemplo, llévalo a caballo y dile que es muy importante que se sujete, súbelo agarrado a tu brazo o enséñale a caer bien en un colchón blando.

Intenta pensar cómo educas a tu hijo con cada juego. Por una parte, tu hijo está cultivando su lado cigarra al aprender a disfrutar de sensaciones (a través de la vista, del oído, del tacto) y a gozar con la curiosidad (por ejemplo, en juegos en que los objetos aparecen y desaparecen de su vista). Por otra parte, está aprendiendo a cumplir objetivos y disfrutar de la felicidad-hormiga cuando consigue que un juguete suene como él quiere o cuando encuentra el objeto que flota mejor en la bañera. Refuérzalo en ambos casos: lo estás enseñando a ser feliz.

Aprovecha tus primeros juegos con él para establecer una «alianza emocional». Conocer el mundo bajo tu protección lo ayudará a sentirse seguro y permitirá que dejéis de miraros el uno al otro y empecéis a mirar juntos hacia el mundo.

ENCONTRARSE A UNO MISMO

Una de las cuestiones que se van definiendo en estos seis primeros años de vida de nuestros hijos es el ajuste entre los diferentes conceptos que tienen de sí mismos. El juego es un equilibrio continuo entre lo que uno es y lo que podría ser. Mientras tu hijo juega, está ensayando posibilidades para acabar formando tres conceptos esenciales para el resto de su vida:

— Su *Yo real*, es decir, lo que él cree ser.
— Su *Yo ideal*, es decir, lo que le gustaría ser.
— Su *Yo indeseado*, es decir, lo que no quiere ser.

Tu hijo será feliz cuando tenga un buen ajuste entre esos tres conceptos. Por ejemplo: es muy importante que el *Yo ideal* esté un poco alejado del *Yo real*, pero sólo un poco. Si sus metas están muy lejos de lo que él piensa que es, lo pasará mal. Su autoestima se resentirá y se sentirá frustrado por no alcanzar los objetivos. Y si el quererse o no a sí mismo depende de la consecución de esos anhelos, entonces esa distancia entre el *Yo ideal* y el *Yo real* puede paralizarlo en vez de servirle de reto. Sin embargo, cuando los ideales de tu hijo estén un poco más allá de lo que él cree ser, los deseos de ser mejor le servirán de incentivo.

Y otro ejemplo: es fácil que tu hijo acabe estando más en contacto con su *Yo indeseado* que con su *Yo ideal*. A fin de cuentas, nuestros sueños son hipotéticos: son cosas que nos gustaría tener, pero que todavía no hemos vivido. Pero el *Yo indeseado* es tremendamente real: está anclado en experiencias en las que hemos sentido humillación, miedo, ira o tristeza. Muchas veces, educamos a nuestros hijos basándonos en esta cercanía de lo negativo: les enseñamos a no ser malos (fomentamos el alejamiento del *Yo indeseado*) en vez de ayudarlos a ser buenos buscando la cercanía del *Yo ideal*...

El juego es básico para ayudar a manejar estos tres aspectos del niño y construir una personalidad sana.

APRENDIZAJE VICARIO

Cuando Amala y Kamala, dos niñas de corta edad, fueron encontradas juntas en un cubil de lobo en la India en los años veinte del siglo pasado, huían a gatas ante cualquier ser humano. Las dos niñas andaban siempre a cuatro patas: tenían gruesas callosidades en los codos, en las rodillas y en las eminencias tenares e hipotenares de sus manos, así como coyunturas inusualmente fuertes y gruesas en las muñecas, codos y rodillas. Además de eso, habían desarrollado un poderoso sentido auditivo y un agudo sentido del olfato. Estaban particularmente alerta cuando no había luz: nunca dormían después de medianoche, permanecían en constante movimiento y el menor ruido llamaba su atención.

Amala y Kamala emitían gruñidos, ladridos, gemidos y chirridos, y aullaban para contactar con sus antiguos compañeros, los lobeznos que habían sido capturados con ellas en el cubil. A las niñas les gustaban la carne cruda y la carroña. Su captor, el reverendo Singh, quedó atónito al descubrir que una de las niñas fue capaz de ahuyentar del cadáver de una vaca a unos buitres de una manera bien practicada y realizada, a pesar de que las rapaces eran mucho más grandes que ella.

Otros niños adoptados por animales también desplegaron un comportamiento animal. Muchos podían olfatear y oír mejor que cualquier humano, y aparentar insensibilidad a los cambios de temperatura. Todos los niños lobo olfatearon su comida y se olfatearon entre sí como lo hacen los perros. Incluso después de haber sido capturados y reintroducidos en la sociedad humana, muchos de los niños ferinos continuaron mostrando al menos algún comportamiento de tipo animal, y casi ninguno de ellos aprendió a hablar apropiadamente.

El aprendizaje vicario o aprendizaje por imitación tiene un papel esencial en el desarrollo de nuestros hijos. Pero, curiosamente, solemos olvidarnos de ello: tendemos a pensar que la mayoría de nuestros actos están meditados. Creemos que los hemos interiorizado de forma voluntaria y que, en algún momento, hemos decidido lo que queríamos aprender de los demás. Nos olvidamos de que no es así: muchas de nuestras conductas las hemos aprendido por imitación de nuestros padres, y nuestros hijos harán lo mismo.

Los casos extremos explicados nos recuerdan que todo lo que hacemos servirá de modelo a nuestros hijos. Al principio, nuestra forma de trabajar, relacionarnos en pareja o divertirnos irá incorporándose a sus juegos. Más tarde, cuando sean adultos, nuestros hijos usarán muchas de nuestras estrategias en su vida laboral, en su relación de pareja o en sus momentos lúdicos. Ahora es el momento de ir reflexionando sobre cuáles son las pautas que no les queremos transmitir y aprovechar sus juegos para pensar sobre nosotros mismos.

Amala y Kamala imitaron a los que creían que eran sus padres. Nuestros hijos harán lo mismo y acabarán pareciéndose a nosotros en muchos rasgos (gestos, forma de hablar, sentido del humor). Por eso, esforzarnos en ser mejores es una forma de ayudarlos a ser más felices.

EL NIÑO EMPIEZA A JUGAR Y YA SABE ANDAR   1 año/2 años

Alrededor del año, el niño comienza a moverse, gatear, mantenerse en pie, andar, correr, saltar... Su cuerpo es su mejor juguete. Piensa que cada una de estas etapas es necesaria para la siguiente: tiene que andar para correr, tiene que gatear para andar... Confiar en su cuerpo lo ayudará a tener seguridad en sí mismo y a desarrollar su autoestima. Y, además, su cuerpo es un juguete privilegiado para aprender a pensar («¿Cómo tengo que poner las piernas para columpiarme yo solo?»). El primer juguete será, por tanto, una colchoneta en la que pueda gatear a sus anchas; luego, juguetes para empujar mientras anda, correpasillos y vehículos más sofisticados que los de la etapa anterior. Además, compartirá contigo juegos de movimientos sencillos (hacer un corro, saltar juntos, dar palmadas, etcétera). Juega con él también al tren o al escondite (¡deja que te encuentre enseguida!). Todos estos juegos desarrollan sus habilidades motoras y, además, son muy útiles para que gasten los excesos de energía que todos los niños tienen.

Durante su segundo año de vida, el niño adquiere una capacidad nueva de trascendental importancia para su desarrollo: la capacidad de representar. Esta capacidad le permite salirse del aquí-ahora: empiezan a existir el futuro, el pasado y los ámbitos que no están en ese momento delante de él. Ahora puede decir lo que ha hecho o lo que va a hacer. Ayúdalo a usar esa capacidad para empezar a encontrar un sentido vital y unificar sus experiencias («¿Te va a apetecer más ir al parque por la mañana o por la tarde? ¿Por qué?», «¿Prefieres estar solo o que vengan más niños?», «¿Qué amigo del parque te cae mejor?»). En esta época, puede también imitar algo que no está presente; es especialmente importante, por la cantidad de tiempo que pasa en ello, el juego de «hacer que…». Si tú lo ayudas, este juego simbólico también se puede convertir en un «juego real»: ordenar su habitación mientras juega a ser papá o mamá, o poner los platos haciendo de camarero, por ejemplo.

El tipo de juego de esta edad lo va a introducir en la sociedad: es el momento de empezar a endoculturizarlo. La endoculturización es el proceso por el cual enseñamos a nuestros hijos los patrones de nuestra cultura. Estas pautas se transmiten a través de dos métodos: por una parte, los niños imitan a los adultos (aprendizaje vicario); por otra, los niños practican en sus juegos las formas de actuar que van a tener de mayores, y los adultos les van dando indicaciones. Tu hijo está, en esta edad, empezando a descubrir realidades distintas (juega al hospital, a la escuela, a ser mamá o papá). Es el momento de comenzar a librarlo de estereotipos sexistas, de valores antisociales, de racismos… Hazlo de forma gradual, sin sermones. Por ejemplo: no interrumpas su juego cuando incluya valores que tú no consideres adecuados. Introdúcete en el guión del juego y recondúcelo hacia otra historia en la que des una alternativa a esos valores desadaptativos.

Poco a poco, sus mejores juguetes serán sus amigos. Con ellos y pocas cosas más inventará sus mejores aventuras y se entrenará en habilidades de cooperación y negociación. Una cosa se puede convertir en cualquier otra, pero hay algunos objetos que, por su simbolismo, facilitan mucho ese proceso: un teléfono, cacharros de cocina, telas para disfrazarse, juguetes para oficios...

> **EMPEZAR A PENSAR**
>
> El filósofo Montaigne decía que los juegos de los niños debían ser considerados como sus actos más serios. Y a veces, ocurre eso: que los niños hacen cosas medio jugando, y así aprenden a ser serios y pensar por sí mismos.
>
> La romería del Padre Eterno, que se celebra en Quintela de Humoso, cerca de Viana do Bolo, en Ourense, nos ofrecía un curioso ritual. Las gentes acudían con roscas de pan que frotaban en el manto de la Virgen. Una vez hecho esto, las roscas eran expuestas al aire libre y nunca enmohecían. Los hongos no podían con las roscas bendecidas; por lo menos, hasta el año 2001.
>
> Porque ese año Jorge López, un chaval del pueblo, ganó el Premio Luis Freire de Investigación Científica para Escolares, que organizan anualmente los museos científicos coruñeses, con un trabajo titulado *¿Por qué no se estropea el pan bendito en la fiesta del Padre Eterno de Quintela de Humoso?*
>
> En su trabajo, el pequeño científico ponía totalmente a prueba la hipótesis de que el pan bendito del Padre Eterno era incorruptible. Y después de someter a distintas condiciones ambientales varias piezas de pan bendito y varias piezas sin bendecir, llegó a la conclusión de que las variables determinantes en el proceso de putrefacción eran la humedad y la temperatura a la que se encontraban las roscas; el hecho de que el manto de la Virgen las hubiera tocado no parecía influir.
>
> Jorge López dijo que, para él, investigar era un juego. Lo dicho: que a veces jugar se puede convertir en un asunto bastante serio y en una forma de empezar a pensar.

EL NIÑO DESCUBRE JUEGOS DISTINTOS   2 años/4 años

A partir de los dos años, el juego del niño se diversifica. Tu hijo empieza a construir su propia personalidad, y eso lo lleva a elegir un tipo u otro de juegos. Las posibilidades son infinitas y sus elecciones irán abriéndole caminos. Su lado cigarra y su lado hormiga se pueden desarrollar de forma sana en cualquiera de las elecciones que haga. No importa que sea un paleontólogo incipiente y convierta su habitación en un parque jurásico, o un enfermero sobreprotector que cuida y alimenta con mimo a todos sus muñecos. Lo que importa es que vaya aprendiendo que hay muchas formas de entender la vida (muchos sentidos vitales) y que las vaya probando todas para saber cuál es la que más le gusta.

Organizar sus juguetes lo va a ayudar a organizar su mente y tener un incipiente sentido vital. Es muy común que, a partir de los dos años, los niños empiecen a amontonar juguetes por todas partes de la casa. Hay que evitarlo por una cuestión de convivencia, pero no se puede exigir a un niño que recoja sus juguetes cuando acaba de jugar sin antes predeterminar un lugar para cada cosa. Antes de pedírselo hay que enseñarle a clasificar y ordenar los juguetes, estableciendo un lugar para cada uno. Es aconsejable que el sitio lo elijáis juntos, de esta forma ayudas al niño a estructurarse. Busca algún lugar para guardarlos cerca de donde suele jugar e intenta que disponga de una iluminación y una ventilación apropiadas. Después de encontrar el sitio adecuado, es una buena idea dar nombre a cada espacio. Por ejemplo, podéis establecer el «Rincón de la magia» (donde estarán los juegos de mesa), el «Rincón de los animales», el «Rincón de las profesiones» (con sus juguetes de médico, de carritos, de bloques). Si se insiste en que cada vez que termine de jugar, coloque los juguetes en su sitio se estará creando una rutina. Para conseguir que poco a poco vaya interiorizando sus hábitos, recuerda: tu hijo también aprende por imitación; si tú no te organizas, él no lo hará. Cuantas más elecciones haga, mayores serán sus vivencias y más intensos sus aprendizajes. Para que todo esté en orden son muy adecuados los cajones que pueden comprarse o bien realizarlos conjuntamente tu hijo y tú.

EL NIÑO EMPIEZA A DIBUJAR   18 meses/3 años

En esta edad, el dibujo le sirve a tu hijo, sobre todo, para explorar mundos. Dibujar un castillo o una casa es un medio para adentrarse en ese mundo con total seguridad; sabe que aquello no es real y, por lo tanto, no le puede hacer daño. Por eso es bueno que le dejes libertad a la hora de elegir la temática: aunque te parezca que sus dibujos tocan temas difíciles (monstruos, muerte, violencia) permítele que los haga. Además, el hecho de que elija un tema y no otro resulta esclarecedor para nosotros ya que, nos ayuda a conocer mejor lo que está pasando por su mente. Eso sí, cuando acabe, si lo que ha dibujado te parece delicado, dedica un rato a integrar el dibujo en una narrativa que el niño pueda entender. Por ejemplo, si pinta una mancha roja en una niña y ves que parece sangre y no se atreve a decirlo, ayúdalo a integrar esa sangre en un contexto («La niña se ha hecho una herida, pero dibujaremos un médico que se la cure»).

EL NIÑO YA JUEGA A LO QUE MÁS LE GUSTA   4 años/6 años

A veces, a determinadas dificultades que quizá parecen insuperables para el niño se les puede hacer frente por medio de los juegos. Para eso, tenemos que abordarlas a su modo y planteando de uno en uno los aspectos del problema. Esto lo ayudará a analizar cómo cree que actúa, cómo le gustaría hacerlo y qué quiere evitar. Por ejemplo: los celos por el nacimiento de un hermano es un tipo común de conflicto, que suele aparecer enmascarado en los juegos como reacción a procesos internos que el propio niño desconoce. El juego simbólico en el que simula la situación lo ayudará a aceptar esa realidad, al representarse el problema de una forma nueva y grata para él. Podéis jugar con su muñeco a «cómo se comporta con su hermano» y a «cómo se comporta el hermano que a él le gustaría tener». Pídele que represente cómo quiere ser tratado y que reaccione ante el acontecimiento en el juego tal como querría haberlo hecho en la realidad. El juego es el ámbito perfecto para empezar a ensayar: a la vez que el niño va viviendo lo que es factible y correcto, puede internarse en ese terreno imaginario y dar salida a sus impulsos.

Intenta interrumpirlo lo menos posible: el juego tiene un sentido para el niño. Cuando se le interrumpe cualquier juego, se le priva del desenlace de un argumento creado por él mismo con una finalidad que no siempre alcanzamos a comprender. Déjalo que invente sus propias historias y que imagine cuál puede ser su final. Al igual que en los relatos de los mayores, no es lo mismo que el malo sea castigado al final o que quede impune y vea premiada su conducta. En las narraciones de tu hijo, nada es inmutable (hasta los muertos pueden resucitar), así que déjale terminarlas como él quiera porque así cobrarán sentido. Si deseas reconducirlas, entra en su juego, pero no lo interrumpas.

Cuando juegues con él, acompáñalo en su proceso de aprender a pensar. Nos olvidamos muchas veces de que el juego es el mejor momento para potenciar el desarrollo cognitivo de nuestros hijos. Como adultos, tendemos a fomentar su capacidad de análisis cuando surgen problemas reales (en el colegio, con sus hermanos, etcétera), pero no nos damos cuenta de que en el mundo real el niño no siente mucha capacidad de maniobra. Jugando puede ensayar con más posibilidades su forma de entender el mundo. Por eso es importante que lo ayudes a encontrar juegos que le proporcionen la estimulación adecuada. Busca actividades que le hagan pensar y vayan un poco más allá de lo que él domina en ese momento, pero que no lo sobrepasen. Es decir: juegos que lo estimulen pero ante los que no se sienta indefenso.

EL SENTIDO DE LA VIDA

Viktor Frankl fue un psiquiatra que padeció la brutalidad de los campos de concentración de la Alemania nazi. Allí, en medio del sufrimiento, Frankl se hacía una pregunta constante: «Las personas que están aquí —y había muchos niños entre ellos— lo han perdido todo y padecen hambre, frío y brutalidades sin fin... ¿Cómo pueden seguir aceptando que la vida es digna de vivirla? ¿Cómo es posible que crean que merece la pena continuar?».

Sus preguntas lo llevaron a indagar sobre el funcionamiento mental de esos individuos. A la vez que él soportaba sus propios dolores, trataba de aprender de la forma en que los demás salían adelante. Y llegó, poco a poco, a una conclusión: las personas que mejor resistían eran las que conseguían dar un sentido a la experiencia que estaban viviendo.

Los seres humanos no sólo buscamos hedonismo (felicidad-cigarra): para nosotros es igual de importante conseguir objetivos (felicidad-hormiga). Por eso podemos soportar sufrir y no estar disfrutando si esos padecimientos tienen un sentido vital y nos ayudan a alcanzar objetivos. A algunas de las personas que investigó Frankl las ataban a la vida sus hijos; a otras, un talento, una habilidad sin explotar, o bien, la política o la religión... Pero todas tenían un objetivo que cumplir cuando salieran de allí. Tenían algo por lo que luchar.

Educar a tu hijo es, también, ayudarlo a encontrar un sentido vital. No se trata de que tú se lo proporciones: nuestros objetivos vitales pueden estar ya caducos y desfasados. Por eso tenemos que invitar a nuestros hijos a hacerse preguntas, a tratar de averiguar el para qué de todo lo que hacen. Son ellos los que deben encontrar el suyo propio.

Jugar es una oportunidad más para ir encontrando ese sentido vital. La ventaja de explorar posibilidades desde este ámbito es que podemos hacerlo de una forma más lúdica. En sus juegos podrá experimentar con acciones que se encaminan a diversos sentidos vitales: la aventura, la creación de una familia, la acumulación de dinero, el poder...

Ve guiándolo en sus preguntas, pero procura no dar muchas respuestas. Así aprenderá que no hay una única solución en la elección de jugadas. Tú sabes que elegir una o otra depende de cúal sea el objetivo.

Juega con él y ve haciéndole preguntas que le sirvan para definir qué es lo que más le importa («¿Y tú crees que a la muñeca le importará estar sola?» «¿Qué estará buscando este dinosaurio: comida o amigos?»). Eso lo ayudará a pensar.

EL NIÑO DIBUJA SITUACIONES   3 años/6 años

En esta edad, los dibujos del niño reflejan sus sentimientos y preocupaciones. Aún no tiene edad como para sentarse y decirnos: «Oye, tenemos que hablar del poco tiempo que pasas conmigo y de por qué le das cariño a mi hermano y a mí no». A pesar de sentir esa preocupación no tiene la madurez suficiente para iniciar una conversación. Pero el hecho de que no nos lo diga, no significa que no tenga inquietudes que le hagan sufrir. Las tiene y las manifiesta, pero hay que estar atentos. El dibujo es un modo de expresarse que empezó a manejar antes de que supiese hablar o escribir. Muy a menudo el sol, los árboles, la casa y las personas que dibuja son, en realidad, símbolos, palabras con las que comunica esa preocupación que no puede explicar en una conversación.

Cambia tu punto de vista de *crítico de arte*. Es tu hijo: no prestes atención a sus dibujos sólo cuando destacan por sus dotes artísticas. En la infancia hay que estar atento a las preocupaciones que sienten esos pequeños que están descubriendo el mundo. Si sus dibujos nos pueden ayudar a comprender mejor qué es lo que le preocupa, hay que animarlo a ello, y olvidémonos de momento de valorar su talento artístico. Lo importante del dibujo es que nos va a permitir conocerlo un poco mejor.

No te pierdas en interpretaciones esotéricas. Leerás por ahí muchas versiones extravagantes de lo que significan los dibujos de tu hijo: que si el humo de la chimenea va hacia la izquierda demuestra inseguridad, que si dibuja muchos círculos es en parte porque recuerda su pasado como célula, que si la persona a la que dibuja presenta el brazo derecho más largo que el izquierdo significa que tiene mucha seguridad en sí mismo... Ninguna de esas interpretaciones tiene la más mínima base científica si las analizamos por separado y alguna de ellas te puede llevar a ver problemas donde no existen y a no comprender lo que realmente quiere decir tu hijo. No existen interpretaciones mágicas: los elementos de un dibujo sólo cobran sentido en función de las circunstancias particulares del niño y analizadas en su totalidad.

Un dibujo es una primera forma de comunicación: no es definitivo, pero es importante. Debes estar atento a los elementos que se repiten: si el niño dibuja muchas veces algo, significa que ese objeto está siendo en este momento su centro de atención. Y si es así es porque está tratando de integrarlo en su mundo: ayúdalo. Recuerda además que la forma que tiene un niño de ver el mundo es distinta de la tuya y, a veces, cuestiones que para ti pasan inadvertidas (un beso que vio en una película, un accidente que salió en televisión, una niña con quien se encontró pero que le impresionó, un suceso que le han explicado en clase) para él son difíciles de interiorizar. El mundo en el que vive es extraordinario y está lleno de sorpresas. Por eso debemos atender cuidadosamente a sus dibujos: es una forma de acostumbrarlo a que nos cuente las cosas que le preocupan. Además, al no expresarlo de forma verbal, el niño se siente más libre y más capaz de manifestarlo.

Nunca tomes el dibujo como si fuera una explicación en sí mismo. Habla con el niño y que te cuente lo que ha dibujado. Pregúntale qué está intentando expresar (¿Qué ocurre en el dibujo? ¿Cómo se sienten los personajes? ¿Qué le gustaría que pasara después?). Los dibujos que hace sobre la familia nos pueden ayudar a captar cómo se siente con nosotros y con los demás. Pregúntale por qué ha dibujado a unos familiares y no a otros, y piensa en sus respuestas. Un ejemplo: a veces cuando llega un nuevo hermanito a la familia y el niño se siente desplazado por él, no lo dibuja. Aunque diga que no había sitio para más, puede estar indicándonos que realmente lo que le gustaría es que el hermanito no estuviera. Es la forma de expresar lo que realmente siente. Es importante, en estos casos, no censurar lo que el niño dibuje.

Ten en cuenta el destinatario. Gran parte de los dibujos que hacen los niños los hacen para una persona y sólo para esa persona; para la profesora, para su padre, para su madre, para el hermano que está en el hospital... Lo que expresa el dibujo es un mensaje dirigido a alguien en concreto y sólo cobra sentido en función de la relación que mantiene con él en ese momento.

LOS QUE NO JUEGAN

Daniel Moritz Schreber, un pedagogo alemán del siglo XIX, propuso en sus libros uno de los sistemas de educación más rígidos que se conocen. El método de Schreber (que fue el pedagogo de cabecera del régimen nazi) se basaba en la enseñanza de la jerarquía y la imposición de normas estrictas desde temprana edad. El juego, el aspecto lúdico de la vida que lleva a lo que hemos llamado felicidad-cigarra, no tenía cabida para este autor en el mundo moderno.

A pesar de que el estilo de educación de Schreber nos parece superado, autores modernos como Carlos González nos hacen notar que la idea básica de las enseñanzas del pedagogo alemán está presente en ciertos métodos contemporáneos para educar a los niños. Son estrategias que, centrándose exclusivamente en la consecución del objetivo, se olvidan de lo que el método puede suponer para la salud mental global del niño. Aunque estos nuevos Schreber no aconsejan el maltrato físico, no dudan en proponer equivalentes psicológicos.

El aspecto lúdico de la vida, el lado cigarra, es tan importante como la consecución de objetivos, el lado hormiga. Si queremos ayudar a nuestros hijos a crecer sanos psicológicamente, no podemos dejar de entenderlos como una totalidad.

El ejemplo de Schreber puede servirnos de advertencia: el mayor de sus hijos enloqueció y terminó suicidándose. El segundo tuvo un mejor principio; parecía que podría salir adelante y llegó a ser un eminente juez. Pero su final fue también terrible: enloqueció a los cuarenta y dos años y murió en un psiquiátrico.

2

Mi hijo está enfadado
Cómo educar en situaciones de tensión

¡ES QUE MI HIJO TIENE UN CARÁCTER!
Se dice que el carácter es como la salud: no nos damos cuenta de lo importante que es hasta que ha desaparecido.

En determinadas situaciones nos falta firmeza. En esos momentos, nuestras necesidades, nuestras opiniones y nuestras críticas se dejan de escuchar, y es como si fuéramos invisibles, como si no existiéramos. Y el resultado final es que sentimos que los demás se aprovechan de nosotros: parece que los favores que hacemos se convierten en obligaciones y nadie nos los agradece; no somos capaces de expresar críticas para que la otra persona no se enfade, y al final, nos callamos y nos resignamos. O algo peor: explotamos después de haber aguantado mucho y lo hacemos en el momento menos indicado, de la forma menos apropiada y con la persona que menos nos había humillado.

Definitivamente, hay que evitar la falta de carácter. Y la mejor etapa para aprender firmeza es la infancia.

Los padres, de hecho, sospechamos que enseñar a nuestros hijos a manejar la tensión es algo realmente muy sano. Y por eso, cuando hablamos a los demás de sus enfados, solemos defenderlos con frases de este tipo:

—«Me encanta que Javi tenga las cosas tan claras: es un bebé y ya sabe pedir lo que quiere. Seguro que cuando sea mayor va a saber defenderse.»

—«Es que a Sara, cuando se pone farruca, no hay quien la convenza. ¡Tiene una energía!»

—«Hugo es de los que razonan. Si ve que el otro no está conforme, no para hasta que llega a un acuerdo. ¡Éste va para político!»

Si hacemos caso a estas encendidas defensas del carácter de nuestros hijos, parece que todos los padres tenemos claro que hay que fomentar en ellos la firmeza de opiniones. Pero después, en la intimidad, las cosas no están tan claras, porque el problema que se nos presenta al estimular su fuerza de voluntad es que sus primeras prácticas, necesariamente, tienen que darse con nosotros. Y no es fácil enseñar a alguien a ser firme cuando tiene que empezar a serlo con quien lo instruye.

A partir de nuestras propias reacciones ante sus muestras de oposición (llantos, rabietas, enfados, pataletas), nuestros hijos irán aprendiendo cuál es la mejor forma de mostrar firmeza. Por eso, estos momentos de tensión son una excelente oportunidad para educarlos en este tema.

Además, el ser padres nos da una considerable ventaja: estamos ahí en muchos momentos. Desde que empiezan a manifestar sus primeros enfados sin palabras, cuando todavía son bebés, hasta que, ya de niños, nos comunican hablando qué es aquello que no les gusta, tenemos la oportunidad que no podemos dejar pasar de enseñarlos a enfadarse.

Por eso, en este capítulo, vamos a ir aprendiendo a educar en esas situaciones de forma prácticamente gradual, desde los primeros meses hasta los seis años.

Pero antes, son necesarios un par de conceptos teóricos, útiles para desenvolverse en las situaciones prácticas y que explicaremos en los apartados que vienen a continuación.

SI QUIERES QUE TE ESCUCHEN, APRENDE A LEVANTAR LA MANO... Y A MANTENERLA AHÍ ARRIBA

Como ya he dicho, en el fondo todos sabemos que es muy sano que nuestros pequeños aprendan a manejar la tensión que surge inevitablemente en toda relación humana. Es mejor que nuestros hijos aprendan a manifestar sus desacuerdos y a demandar las necesidades que no hemos satisfecho. Ése es el principio de toda negociación: cada persona expresa sus demandas, se llega a un acuerdo, y luego, en la calma que viene después de la tempestad, cada una de las partes puede disfrutar de lo que ha conseguido.

Pero claro: para llegar a disfrutar del fruto cosechado en una buena negociación, primero hay que pasar por la fase de tensión. Y ahí es donde se pone en juego uno de los factores que más nos caracterizan como individuos: la cantidad de tolerancia a la tensión interpersonal que tenemos.

La tolerancia a la tensión interpersonal es el potencial individual que cada uno tiene para afrontar situaciones que crean inquietud en las relaciones con los demás. Por ejemplo, a muchas personas les produce desasosiego hacer una crítica a alguien querido. Ésta es una típica situación de tensión interpersonal, y ante ella caben dos posibilidades: tolerarla y, aunque uno no esté a gusto, seguir adelante con la crítica, o no resistir la tensión y dejar de hacerla.

Hay muchas otras situaciones que suelen producir desasosiego: decirle a alguien que su actitud nos hace sentir mal, no estar de acuerdo con una persona a la que admiramos, comunicar una noticia triste, recibir una crítica o un halago... Todo esto es incómodo, y soportar la desazón que nos genera cualquier circunstancia de las mencionadas sin echarnos atrás es difícil. ¿Cómo podemos enseñar, entonces, a nuestros hijos a tolerar la tensión interpersonal?

A   En primer lugar, esforzándonos por aguantar mejor las situaciones tensas. El aprendizaje por imitación es esencial en el ser humano. Y, sobre todo, es fundamental en aquello que más nos caracteriza como humanos. Nuestros hijos no van a ir probando diversos tipos de personalidad hasta quedarse con la más adaptativa, sino que, más bien, van a imitar la nuestra y se van a quedar con ella, a no ser que les dé muy malos resultados. Así pues, es importante saber qué les metemos en el *pack* que van a llevar puesto durante los siguientes años de su vida.

B En segundo lugar, educándolos en la idea de que la tensión interpersonal no es algo negativo. Si reaccionamos con normalidad ante sus desacuerdos, sus críticas y sus demandas, les haremos ver que la tensión es parte de las relaciones humanas. No es malo que, a veces, exista desasosiego entre padres e hijos. Es más, tenemos que conseguir transmitirles que una relación en la que nunca hay discusiones es una mala relación: una de las dos partes se está callando lo que tiene que decir. Si nuestros hijos no son capaces de manifestar sus necesidades, los heriremos a veces sin ser conscientes del dolor que les estamos produciendo. Por eso, los niños tienen que sentir que pueden decirnos lo que piensan. Y para eso, debemos reaccionar con tranquilidad cuando levanten la mano (o la voz), se hagan visibles y nos digan lo que opinan. Aunque no nos guste escucharlo.

COMO ME VUELVAS A CONTESTAR TE MANDO A LA HABITACIÓN... AUNQUE LUEGO ME ARREPIENTA

Ahora bien, ¿qué significa reaccionar con normalidad? Hay un concepto que nos puede ayudar a encontrar esa reacción ideal: la asertividad. Los psicólogos llamamos *asertividad* a la capacidad de hacernos respetar y conseguir que los demás no pisoteen nuestros derechos. Ser asertivos es comunicarnos desde la igualdad. Se suele relacionar esta capacidad con cuestiones como saber decir que no, conseguir que valoren nuestro trabajo o ser capaces de mantener relaciones igualitarias en pareja. Pero con frecuencia se olvida algo fundamental: también es importante ser asertivos con nuestros hijos. Resulta fundamental para nuestra propia salud mental, pero también es necesario para que ellos aprendan a serlo.

Hay tres formas básicas de reaccionar ante nuestros hijos:

- *Ser pasivos*, o sea, actuar como si ellos fueran más importantes que nosotros, y sus necesidades e intereses más relevantes que los nuestros.
- *Ser agresivos*, es decir, comportarnos como si estuviéramos por encima de ellos, como si su mundo no fuera de tanta importancia como el nuestro.
- *Tener una actitud asertiva* y reaccionar sabiendo que, aunque desempeñemos papeles diferentes en la relación, nosotros somos tan importantes como ellos, y ellos lo son tanto como nosotros.

Los padres tendemos a comportarnos con nuestros hijos de la misma forma que lo hacemos con las otras personas: o siendo asertivos o siendo pasivos/agresivos (oscilando entre un estilo excesivamente blando y un estilo excesivamente duro). Para saber reaccionar ante los enfados de nuestros hijos de una manera que les resulte pedagógica, lo primero que tenemos que hacer es conocernos a nosotros mismos y aprender a ser más asertivos de lo que somos.

Por otro lado, es necesario que seamos conscientes de qué nos pedimos a nosotros como padres: ¿tenemos interiorizada la lista de derechos, o pensamos que ser padres supone dejar de ser personas? ¡Cuidado!: tener interiorizados los derechos como padres no significa asumirlos racionalmente. Casi todo el mundo cree que esa lista es sensata, pero pocos padres la practican realmente en la vida cotidiana. Nos cuesta tolerar la tensión que supone ver a nuestro hijo pasándolo mal y solemos *dramatizar* el asunto, pensando que hay que evitar a toda costa que nuestro hijo sufra, aunque sea un poquito. La mayoría de los padres funcionamos con la idea de que es *terrible* que nuestro hijo las pase canutas de vez en cuando, y por eso tendemos a sobreprotegerlo y a evitar sus enfados.

La idea de aprovechar situaciones de enfado para transmitir actitudes asertivas es, precisamente, enseñar a nuestro hijo que la tensión no es negativa. Y eso se puede hacer ya en sus primeros días.

¿CÓMO TIENDES A COMUNICARTE CON LOS DEMÁS?

Los seres humanos tenemos tres formas básicas de comunicarnos:

1. La comunicación PASIVA es aquella que mantenemos cuando evitamos expresar lo que sentimos o pensamos por miedo a la reacción de los demás. Hablamos poco y actuamos menos: nos quedamos con la sensación de que «teníamos que haber dicho que...» y «teníamos que haber hecho...», pero no decimos ni hacemos nada de lo que pensamos. Se diría que cuando somos pasivos tenemos la sensación de que debemos ganarnos al otro: haciéndole favores, no contradiciendo sus opiniones (para un pasivo, convencer al otro es una forma de violencia) y poniendo todas nuestras cosas a su disposición. El problema es que, a pesar de eso, es fácil que acabemos perdiendo a los que queremos porque la otra persona cada vez nos pide más y, al final, no podemos cumplirlo. Además, los demás nos acaban decepcionando porque no nos devuelven el cariño que les hemos dado. Esta forma de comunicarse suele tener como concomitante una comunicación no verbal de evitación de mirada, falta de gesticulación y tendencia a poner barreras especiales.

2. La comunicación AGRESIVA es la que practicamos cuando, con gestos amenazantes y postura corporal de enfrentamiento, le explicamos al otro lo que «tiene que hacer», lo que «debe hacer» o lo que «sería mucho mejor para todos que hiciera sin lugar a dudas». Todo esto viene acompañado de una mirada imperativa que, entre otras cosas, tiene como objetivo no dejar tiempo ni espacio a la otra persona para pensar. El problema de este comportamiento es que la gente tiene la mala costumbre de seguir haciendo lo que quiere u opina que debe hacer, y nosotros nos convertimos, únicamente, en un obstáculo que hay que salvar. Al final, el mundo también nos decepcionará porque seguirá de manera imperturbable su curso sin hacernos ningún caso.

3. La comunicación ASERTIVA, por último, es la que queda justamen-

te a medio camino entre las dos anteriores: ni pasiva ni agresiva. Mirada directa, pero que deja espacios de intimidad y no presiona; expresión facial distendida que transmite estados de ánimo; capacidad de alabar, pero también de criticar; mensajes yo («pienso que...», «opino que...», «me gustaría que...»), y expectativas realistas sobre los otros, son las cualidades que caracterizan este tipo de comunicación.

En realidad, las dos primeras actitudes suelen ir juntas: cuando somos pasivos con alguien, solemos pagarlo siendo agresivos con otras personas. Acumulamos tensión porque nos sentimos humillados en las relaciones pasivas y descargamos esa energía negativa con el primero que se deja. Como dice el viejo refrán, no hay que olvidar que cuando hacemos una reverencia profunda a alguien, estamos dando la espalda a otra persona...

Y ahora vienen las preguntas: ¿Cómo tiendes a comunicarte con los demás? ¿Cuál es tu forma más habitual de relacionarte? ¿Sueles ser pasivo/agresivo o tiendes a ser asertivo?

APRENDIENDO A NEGOCIAR. SITUACIONES COTIDIANAS EVOLUTIVAS

De hecho, la primera oportunidad de educar a un hijo utilizando sus enfados aparece cuando aún es un bebé y comienza a llorar. Después, cuando se va haciendo mayor y empieza a hablar, aprende una palabra: «NO». A veces, parece que la repite todo el tiempo... Poco a poco, pasa sutilmente del *no* sistemático (un modo de comunicación arcaico, pero necesario para su desarrollo) al *no* reflexivo, que afirma sus gustos y elecciones.

Para educar en estas situaciones de tensión hay que recordar que el fin último es enseñar al niño a manifestar sus preferencias y a negociar a partir de ellas. Por eso es importante tener en cuenta el momento evolutivo en el que se encuentra: no es lo mismo una rabieta delante de un escaparate de juguetes con dos años que un enfado porque no lo dejamos seguir con sus amigos en el parque con cinco.

Y un último apunte antes de pasar a la acción: el contenido del capítulo responde al afrontamiento ideal de estas situaciones desde el punto de vista pedagógico. Es decir: esto es lo que vamos a hacer... una de cada diez veces. No hay que preocuparse: lo importante es tener en mente el objetivo.

No pretendo que te sientas culpable cada vez que pierdas los nervios o renuncies a hacer de la situación una oportunidad de enseñanza. Sé que ningún padre ni madre puede resistir el estrés que supondría discutir con sus hijos, derrochando paciencia y amabilidad, cada una de las decisiones que tiene que tomar. Si intentáramos hacer eso, lo único que conseguiríamos sería cansarnos de tolerar la tensión interpersonal y dejar la educación en asertividad como una misión imposible. Para evitarlo, es necesario detenernos un minuto antes de enfrentarnos a una rabieta de nuestros hijos. Detente, primero, a valorar cómo andas de energías y de motivación. Si no te sobra ninguna de las dos, díselo a tu hijo: él lo entenderá si se lo dices con asertividad. El Derecho Básico de los Padres Número Cero debería ser: «Tienes derecho a estar, a veces, cansado y desganado».

¿Recuerdas eso que se dice: «Una chaqueta es un objeto que los padres ponen a su hijo cuando ellos tienen frío»? Pues algo así ocurre con las situaciones de tensión: la razón y los gritos son cosas que los padres le damos a nuestro hijo cuando no podemos tolerar la tensión de verlo enfadado. Habrá días en los cuales no tengas cuerpo para enfrentarte a tu hijo. En esos momentos de agotamiento, si sientes que lo que cedes no es prioritario y no va a romper tu coherencia como educador, puedes sacar a relucir tu lado cigarra, arrinconar tu culpabilidad y dedicarte a jugar con tu hijo y disfrutarlo.

Pero en los demás días, en aquellos que te encuentres con ganas y tiempo, ponte el mono de trabajo de padre/madre-educador y trata de seguir los guiones que te proporciono. En vez de sentirte culpable por la tensión, siéntete responsable de su educación y aprovecha la discusión para educarlo en asertividad. A tu hijo le vendrá muy bien aprender a negociar. Y a ti también.

DERECHOS BÁSICOS DE LOS PADRES

1. Tienes derecho a decepcionar las expectativas de tus hijos. De hecho, eso es algo que ocurre continuamente. Defraudamos a nuestros hijos porque a ellos les gustaría que hiciéramos las cosas en función de sus intereses en cada momento. Recuerda que las expectativas de tu hijo son egoístas (exactamente igual que las de cualquier otra persona). Siéntete culpable cuando no hagas bien las cosas en función de tu propia escala de valores, pero no te preocupes si lo que haces no satisface a tus hijos, porque eso no significa que esté mal hecho. Sólo significa que ellos esperaban otra cosa.

2. Si vas a asumir la responsabilidad de una acción, tienes derecho a tomar decisiones. Responsabilidad y toma de decisiones tienen que ir siempre unidas: tu hijo no puede decidir por sí mismo porque luego él no va a asumir la responsabilidad de esa decisión. Ésta es la razón por la que tienes la última palabra: no lo olvides.

3. Tienes derecho a no justificar comportamientos que no afectan a tus hijos. Si tienes tiempo y ganas de explicar a tus hijos por qué adoptas ciertas decisiones privadas, estupendo. Pero si no tienes una de las dos cosas, recuerda que el hecho de ser padre no significa que toda tu vida haya pasado a ser una *decisión familiar*.

4. Tienes derecho a cambiar de opinión. Esto no es sólo un derecho; es una necesidad de salud mental. Las personas menos felices son aquellas que nunca cambian de parecer. La rigidez es una mala táctica mental. Así que ya sabes: intenta mantener una línea de actuación coherente, pero admite ante tus hijos que a veces cambias de opinión y que te sientes feliz por ello.

5. Tienes derecho a cometer errores. Recuerda: «Quien esté libre de pecado, que tire la primera piedra». Comete errores y responsabilízate de ellos. Verás que, al hacerlo, te sientes más libre y actúas de forma más fluida.

> **6. Tienes derecho a decir «No lo sé».** Nos han vendido la idea de que, como padres, debemos dar respuesta a todo. No es cierto. Hay muchas cosas que no sabemos. A veces, por ejemplo, desconocemos cuáles serán las consecuencias de nuestras acciones: ejecutamos actos que no sabemos qué problemas pueden plantear a los demás. Decir «No lo sé» es, a veces, la única forma de decir la verdad.

EL BEBÉ ESTÁ LLORANDO   0 años/18 meses

Tu hijo llora porque algo lo inquieta, así que ayúdalo a relajarse. Es importante recordar que, a lo mejor, no está sucediendo nada grave. Un estudio reciente revelaba que los bebés de seis semanas lloran casi tres horas al día sin que les esté ocurriendo nada. En los primeros meses, los bebés tienen necesidad de calma, silencio y reposo. Los juegos excitantes, el paso permanente de unos brazos a otros y la falta de ritmos vitales en la casa fatigan al recién nacido. Si los padres no estáis nerviosos, el niño se sentirá más relajado y llorará menos.

El bebé no está llorando: se está comunicando. Desde el primer mes, su repertorio es muy variado: potentes y vigorosos gritos que indican hambre; gruñidos agitados con movimientos de cabeza cuando tiene sueño; llantos de molestia porque está sucio o tiene mucho calor, y gritos de dolor cuando el hipo o la otitis no lo dejan descansar. Poco a poco, va añadiendo melodías: a partir del tercer mes son habituales los gemidos sin lágrimas que buscan llamar la atención para que se le coja. Y a partir del octavo mes, rabietas. Como ves, es un amplio repertorio que, al final, constituye una estupenda forma de comunicación. De hecho, cada cierto tiempo llega la noticia de la comercialización de algún aparato que sirve para desentrañar qué quiere decir cada una de las formas de llanto de un bebé. No te preocupes: aunque ese traductor mágico todavía no esté muy perfeccionado, los padres acabamos haciéndolo bastante bien. Eso sí, necesitamos muchos intentos para ir ganando en seguridad.

Hazte a la idea: no vas a dormir bien durante una cierta cantidad de tiempo. Con la mayoría de los bebés, es imposible dormir una noche tranquila antes de los dos primeros meses. Saberlo te tranquilizará: la mayoría de nuestros problemas tienen que ver con la decepción de nuestras expectativas. Si crees que tu hijo va a ser el único niño de toda la historia de la humanidad que dejará dormir a sus padres, te vas a llevar un chasco, así que lo mejor es que te prepares y te armes de paciencia: la vas a necesitar.

Pregunta al pediatra. Es la frase más repetida y, sin embargo, es la que menos practicamos. La información que tenemos acerca de los llantos del bebé nos llega de la familia, los amigos, las revistas… Infórmate, mejor, a través del pediatra: es el que más sabe, aunque sólo sea por experiencia.

Establece un protocolo de actuación; no esperes a improvisarlo cuando se produce la situación. Un ejemplo de este tipo de protocolos podría ser:

- Ir, en silencio, a comprobar qué sucede, empezando por ver si es hambre, sueño o calor.
- Si el llanto continúa diez o quince minutos, trata de calmar al bebé con palabras dulces y tranquilizadoras, porque muchas veces su inquietud proviene del llanto automantenido (es decir, que llora porque se ha puesto nervioso llorando).
- Si el llanto persiste, cógelo en brazos.
- Si continúa llorando con quejas y gemidos, tómale la temperatura.

Si el llanto persiste durante más tiempo de lo habitual, llama al médico. Éste es un ejemplo posible de protocolo, pero no es, evidentemente, el único. Lo importante es tener un esquema mental de actuación: las normas sólo se pueden perfeccionar cuando existen.

En los primeros meses, no te preocupes por *reforzar* su llanto. Antes del tercer o cuarto mes, el bebé no tiene capacidad asociativa suficiente como para llorar con el único fin de atraer tu atención. Los estudios demuestran que los bebés que reciben atención cuando lloran son los niños que después se sienten más seguros... y que menos lloran. A medida que vayas conociendo a tu hijo, diversifica poco a poco la forma de responder ante los llantos. Intenta hacer cosas diferentes según cómo llore el niño, qué hora del día sea, cuánto ha comido y cuánto calor hace. Puedes actuar con palabras, con sonrisas, con nanas, con biberones o con juegos. No te preocupes: irás conociendo a tu hijo despacio, a base de ensayo y error.

> **LLORAR**
>
> El tocólogo Fréderic Leboyer propuso hace unas décadas una original explicación para los cólicos de los bebés. Según esta teoría, nacer significa pasar de los movimientos mecedores del vientre materno a la inmovilidad casi forzosa de la cuna. Por eso surgen los cólicos, y por eso desaparecen cuando el bebé empieza a moverse y dar vueltas en su cuna.
>
> Los llantos serían, según este investigador, una forma de movimiento. Como uno no puede hacer otra cosa, llora. Toda una metáfora de lo que realmente significa el llanto a nivel psicológico, porque los humanos lloramos cuando nos sentimos impotentes y queremos romper nuestra inmovilidad. Llorar sirve para hacer algo..., aunque no sea el algo que queremos hacer.

EL NIÑO NOS RETA DICIENDO NO A TODO   18 meses/4 años

Recuerda que la fase del no es necesaria para crear la personalidad del niño. Ese *no*, en realidad, no es una negación: es una pregunta. *No* para un niño significa simplemente: «Yo creo que no lo voy a hacer, ¿y tú?». De hecho, lo dice antes de que nosotros le demos la norma: cuando todavía no hemos terminado la frase («Ordena los juguetes que los has dejado todos por...»), él ya está negándose. Por lo tanto, tómate ese *no* como una pregunta que el niño te está haciendo. Es su forma de incitarte a darle una norma y, a la vez, es su manera de empezar a tener autonomía.

Tus respuestas tienen que ayudar al niño a desarrollar esos dos aspectos de su personalidad. Por ejemplo: supongamos que queremos decirle a nuestro hijo que deje ya de comer palomitas. Como está en plena fase negadora, el niño no nos deja ni terminar la frase y ya está diciéndonos que no. Pues bien, la actitud más positiva sería decirle que puede comer dos puñados más (con eso respetamos su intento de autonomía), pero, a la vez, quedémonos a vigilar hasta que, efectivamente, haya comido dos más y deje la bolsa guardada (así le damos una norma).

Una vez que le hayas manifestado tu decisión, respétala. Si empiezas a ceder con frecuencia en esta etapa, echas papeletas para que tu hijo se convierta en un tirano contigo y con el resto de las personas que lo rodean. Así pues, no te culpabilices por oponerte a tu hijo con firmeza: él prefiere la coherencia al continuo sí/no. Lo que más nos hace sufrir a los seres humanos es la indecisión: preferimos una norma injusta (así, por lo menos, tenemos algo contra lo que luchar) a una norma cambiante.

LA CRUZADA DE LOS NIÑOS

Nos rodean muchos ejemplos de los problemas que podemos causar a nuestros hijos por no ser capaces de ser asertivos con ellos. Pero quizás el ejemplo más singular de tiernos infantes que acaban teniendo un final triste porque nadie ha conseguido pararlos sea *La cruzada de los niños*, un episodio narrado por Albéric de Trois-Fontanes y avalado por algunos historiadores modernos, aunque otros discutan sus detalles.

Corría el siglo XIII cuando Etienne, un pastorcillo francés de corta edad, tuvo una visión en la que Jesucristo lo nombraba embajador suyo para que hiciera una peregrinación a Tierra Santa y recuperara el Santo Sepulcro de manos del Infiel. Gracias a la fuerza que le dio esa visión, atravesó Francia y consiguió que se le unieran miles de niños y niñas. La idea de la cruzada de los niños se fue extendiendo por el país: los padres eran incapaces de controlar a sus hijos, que

> robaban armas, las inventaban a partir de utensilios de labranza, lloraban hasta arrancar el permiso para ir o se escapaban de noche camino a Marsella.
>
> La falta de asertividad de aquellos que podían pararlos condujo al desastre a estos indómitos niños. Cuando se cansaron de esperar a que el mar se retirase a una orden de Etienne, embarcaron en siete navíos rumbo a Tierra Santa. Dos de los barcos se hundieron con todo el pasaje. Los demás acabaron en los mercados de Bugía y Alejandría, donde fueron vendidos todos los niños supervivientes.

EL NIÑO SE LEVANTA SIEMPRE DE MAL HUMOR   2 años/4 años

Si tu hijo es de los que se levantan (o por la mañana, o después de una siesta) con un humor de perros, empieza por revisar los posibles focos de ese malestar. Los síntomas del problema son siempre los mismos: contesta mal a todo el mundo, permanece totalmente inactivo y se muestra muy irascible. En todo caso, hay que atajar el problema porque esta actitud se puede convertir en una escalada de mal humor (él te pone a ti de mal carácter, tú le respondes con más de lo mismo, etcétera) que puede amargaros el día.

Recuerda que hay varias causas posibles:
- *No ha descansado lo suficiente*. Analiza cuántas horas reales duerme, no a qué hora se acuesta y a cuál se levanta. Piensa que a esta edad lo conveniente es dormir al menos diez horas para descansar y afrontar la frenética rutina con buena actitud.
- *Está pasando por un mal momento*. Los niños, al igual que los adultos, tienen sus problemas. Puede ser que esté pasando por una situación difícil que le afecte al sueño. Aprovecha cualquier otro momento del día (no cuando acaba de levantarse) para charlar con él. Puedes llevártelo a ver escaparates, y cuando esté receptivo, pregúntale por su profesor, con qué amigos ha jugado en el recreo, por su colección de cromos... Si

no hay nada que te llame la atención, investiga hablando con sus profesores, con sus amigos, incluso, en función de su edad, con las madres de sus amigos (puede habérselo contado a ellas antes que a ti).
- *Por su edad, puede estar pasando una época de miedos o pesadillas.* Si es así, intenta poner medios, como dejar la luz del pasillo encendida hasta que se duerma, leerle un cuento relajante antes de dormir, que te cuente la pesadilla y terminarla juntos con un final creíble pero en el que él puede vencer la situación, etcétera. En el capítulo cinco hablaremos más de este tema.
- *Es un hábito y se ha acostumbrado a levantarse de mal humor.* Para él, es lo normal y no hace ningún esfuerzo por controlar su carácter después de dormir, aunque sí lo hace a lo largo del día.
- *En cualquiera de los casos, es esencial que tú des ejemplo.* Tú debes ser el primero que se levante de buen humor. Quizá necesites un tiempo extra: si es así, pon tu despertador media hora antes para que cuando llegue el momento de levantarlo ya te hayas despejado y te sientas activo. Una vez que hayas hecho esto, habla con él e intenta, sin culparlo, que entienda que a todos nos cuesta levantarnos. Responsabilízale (no lo culpabilices) en la tarea de esforzarse para que toda la familia tenga un buen ambiente. Dile que tú lo haces y esperas lo mismo de él.
- *Observa bien la hora a la que se acuesta.* Lo primero que hay que modificar es la hora a la que se va a la cama. Es fundamental que duerma el tiempo suficiente; en caso contrario, no servirán de nada el resto de las pautas porque se levantará cansado, y su organismo pedirá más horas de descanso.
- *Despiértalo suavemente y no dejes que se levante con el tiempo justo.* Dale un margen de cinco o diez minutos para despertarse y holgazanear en la cama. Hazle unos mimos hasta que esté plenamente despierto. Y procura que en esos momentos no sean todo prisas; antes de acostarte, deja todo preparado para el día siguiente: su cartera, los deberes, la ropa…

No aceptes la idea de que él es así y que no hay nada que hacer. Si haces eso, la profecía funcionará: seguirá siendo así siempre. Haz lo contrario: el primer día que se produzca un pequeño cambio (aunque dure cinco minutos) agradéceselo y dile que te sientes orgulloso de su esfuerzo y que sabes que ése es el principio del fin de una mala época.

EL NIÑO SE ENFADA SIN RAZÓN O CON MALOS MODOS 4 años/6 años

Si el problema es de formas, aprovecha para ayudarlo a entender la diferencia entre «tener razón» y «conseguir que te la den». Ésa es la primera lección que tu hijo necesita para aprender a ser asertivo: si nos equivocamos con las formas, acabamos perdiendo la razón. Comienza explicándole estrategias sencillas para obtener lo que quiere sin necesidad de exigirlo o irritarse. Si pide algo en tono autoritario o quejumbroso, interrúmpelo enseguida diciéndole que mientras siga así ni siquiera lo vas a escuchar. No entres en su juego, porque si lo haces estás enseñándole que la agresividad funciona: corta de golpe antes de que la situación degenere. Unas palabras firmes bastarán para calmarlo.

Si el problema es de fondo, es decir, el niño está equivocado, aprovecha para enseñarle a argumentar. Éste es, por ejemplo, el momento ideal para educar su capacidad de razonamiento mediante *preguntas socráticas*: en vez de darle las respuestas obvias, deja que él las descubra. Por ejemplo, si te dice que quiere que te quedes en casa a acabar de leerle un cuento, no le digas: «Eso no puede ser: tengo que ir a trabajar». Utiliza una pregunta que le haga pensar: «¿Y qué crees que pasaría si no fuera a trabajar?». A partir de ahí, le estás enseñando a argumentar. Que en ese momento no tenga razón es lo de menos.

Cuando el problema ha degenerado, y la forma y el fondo se confunden (el niño grita o se tira al suelo), entonces es necesario un *tiempo muerto*. Para la actividad que esté haciendo, apaga la televisión o la música si están funcionando, y si es posible, llévalo con firmeza, pero sin brutalidad, a otro lugar de la casa que no sea su lugar habitual de juegos. Allí explícale que puede seguir con la rabieta y que te avise cuando se haya calmado, porque hasta entonces no lo vas a escuchar.

EL NIÑO SE ENFADA CON RAZÓN Y BUENOS MODOS   4 años /6 años

Es esencial no confiarse y darse cuenta de que la situación es ardua. Sólo hay una situación más difícil que hacer críticas: recibirlas. Reaccionar con calma ante un reproche justo de un hijo y no evaluarlo como una catástrofe de dimensiones cósmicas que va a dejar dañada para siempre nuestra autoestima es una tarea complicada. De vez en cuando, vas a pasar por ello. Pero no te preocupes: nadie es un héroe todos los días y a todas horas. El día que consigas reaccionar bien ante sus quejas justas, le estarás enseñando dos cosas fundamentales: que también sabes recibir críticas y que puede aprender de ti cómo rectificar cuando uno se ha equivocado. El día que no lo consigas, pídele perdón después: estará aprendiendo a rectificar.

Déjalo terminar de decir todo lo que tiene que decir. Recuerda que, para los seres humanos, hacer una crítica es un acto con un doble objetivo. Sirve para intentar que el otro cambie, pero también para expresar nuestra ira. Si no dejas que tu hijo se desahogue, él no quedará satisfecho, aunque el primer objetivo se cumpla. Déjalo acabar, permítele que te diga por qué es injusto lo que has hecho aunque creas saberlo. Y luego, exprésale tu acuerdo.

No aproveches para responder con otra crítica. Hay una reacción típica de los seres humanos que rompe muchos posibles diálogos: cuando nos hacen un reproche, tendemos a sentirnos atacados y respondemos criticando a la persona con algo que no tiene nada que ver con el asunto. Con un hijo, esto es una tentación recurrente. Por definición, un niño es un ser humano que se pasa el tiempo cometiendo errores, así que siempre tendremos reproches en cartera esperando a ser utilizados en cuanto él tiene razón. No caigas en la tentación, porque esa táctica romperá cualquier diálogo. Cada cosa a su tiempo: si tienes algo que criticarle, espera a terminar de digerir tu dosis de equivocaciones.

Pregúntale cuáles serían las alternativas a tu conducta y expresa tu compromiso de rectificar. Recibir una crítica es una oportunidad para aprender, incluso cuando viene de nuestro hijo. Y, además, nuestro papel como padres incluye la responsabilidad de convertirnos en modelos. No queremos educar a nuestros hijos para que sean perfectos (quizá nos gustaría hacerlo, pero sabemos que es imposible); así que lo que hacemos es intentar ayudarlos para que cometan errores, los acepten, los afronten y aprendan de ellos. Es decir: queremos educar a nuestros hijos para que disfruten del derecho a fallar y de la oportunidad de aprendizaje que suponen los errores. Y para eso, no hay nada tan útil como convertirnos en sus primeros modelos.

3

Mi hijo está asustado
Cómo educar viajando en la dirección del miedo

ALBERTO Y LAS RATAS

Allá por el invierno de 1919, un psicólogo estadounidense realizó uno de los experimentos más inquietantes de la historia de la psicología. El objetivo era sencillo: se trataba de *educar* a un bebé para que tuviera miedo a algo que previamente le resultaba indiferente.

Alberto tenía miedo a los ruidos muy fuertes, pero no lo asustaban los animales. Por eso, el reto que se planteó el psicólogo fue conseguir que el niño acabara teniendo pánico a un animal en concreto: una rata. Para conseguirlo, decidió asociar la aparición del animal con un ruido estrepitoso. La rata aparecía delante del niño y, a la vez, el experimentador hacía chocar un par de metales. Después, el animal (la rata, no el psicólogo) se iba, y el ruido cesaba. El bicho volvía a aparecer, y otra vez el platillazo. Así hasta doce veces seguidas.

Cuando terminó esta serie de maquiavélicos emparejamientos entre la rata y el ruido, a Alberto le sucedió lo que todos podemos suponer: le empezó a dar tirria el animal. De hecho, le daba miedo la rata, aunque apareciera sola, sin el choque de metales. En cuanto veía al roedor, el niño empezaba a llorar. Es más, el bebé lo pasaba mal cuando se le acercaba cualquier cosa parecida a una rata: un abrigo de piel, un conejo... El siniestro experimentador había conseguido su objetivo: generar en un niño miedo a algo que, en un principio, le resultaba completamente neutral.

Al psicólogo, que se llamaba Watson, como el ayudante de Sherlock Holmes, se le considera el fundador del conductismo. Según esta forma de entender la psicología, hay poco de determinista en los miedos humanos: cualquier persona, animal o cosa puede acabar produciéndonos temor si lo asociamos con algo que nos daba miedo previamente. Y eso fue lo que pretendió en todo momento demostrar el experimento.

Pero después a otros psicólogos se les ocurrió que a lo mejor la cuestión no era tan sencilla. ¿De verdad podemos generar temor a cualquier estímulo? ¿Todos los objetos son susceptibles de ser depositarios de nuestros miedos? Entonces, ¿por qué ningún niño tiene terror a las bombillas, las mesas o los botones, objetos que pueden llegar a ser muy peligrosos para un tierno infante?

Watson había conseguido que Alberto tuviera miedo a las ratas. Pero es que las ratas, de por sí, dan bastante repelús a muchos niños. Su experimento nos plantea una duda: ¿son nuestros hijos una pizarra en blanco en la que, por asociación, podemos dibujar cualquier forma para el miedo, o por el contrario, las formas que van a tener sus miedos vienen ya dibujadas en los genes? El miedo a las ratas no nos sirve para resolver el enigma, porque el maligno experimentador podría haberlo creado por asociación, pero también podría ser genético.

De hecho, nuestra actitud explica en parte que nuestros hijos se sientan inseguros en determinadas situaciones. Pero no explica el porqué esos miedos tienen siempre un contenido tan parecido: temor a la oscuridad, a los animales peligrosos, a las criaturas con poderes más fuertes que los de sus padres... En todas las culturas y en todas las épocas, los miedos infantiles se parecen lo suficiente como para pensar que la asociación a momentos negativos no puede ser el único factor para que estos temores surjan. Lo único que demostró Watson es que es bastante fácil crear en un niño miedo a algo que es temido por muchos niños. ¡Elemental, querido Watson!

> **EL DOBLE MECANISMO DE LAS FOBIAS**
>
> Las fobias son un ejemplo de este boicot vital que nos pueden producir los miedos. Cuando algo nos produce fobia, sentimos que es imposible acercarnos a ese objeto. Para explicar este fenómeno, los psicólogos hablamos de un *doble mecanismo de adquisición*: por una parte, empezamos por temer algo porque lo hemos asociado a alguna experiencia negativa; por otra parte, comenzamos a evitar aquello que tememos, y eso hace que cada vez le tengamos más miedo.
>
> Evitar el objeto del temor nos hace mitificarlo y aumenta nuestra ansiedad ante cada encuentro. Y el resultado es un ser humano plenamente consciente de haberse fabricado su propio temor, pero al que le resulta muy difícil luchar contra él. El fóbico siente que se ha ido metiendo, poco a poco, en su miedo, y ahora le cuesta salir.
>
> Las fobias no se crean necesariamente en la infancia, pero sí que se origina ahí la tendencia a evitar lo que nos da miedo y, por lo tanto, la posibilidad de caer frecuentemente en la segunda parte de su mecanismo de adquisición. Por eso es tan importante nuestra labor como padres: si nuestros hijos aprenden que la única estrategia ante el miedo es evitar el objeto de temor, tendrán problemas cada vez que esto no sea posible. Es difícil evitar los ascensores, los gatos y los aviones: si nuestros hijos sólo conocen la estrategia de la huida, acabarán desarrollando fobias a esos objetos.

LOS MIEDOS SE EXTINGUEN SI NO SE LES TIENE MIEDO

La respuesta a esta nueva polémica entre genética y ambiente es la misma que la que existe para cualquier otro dilema de esta falsa dicotomía: los genes y la educación actúan conjuntamente para crear los temores de nuestros hijos. Sus miedos provienen de pánicos ancestrales que su biología ha aprendido a temer, pero la educación que les demos hará que revivan esos temores en diferentes formas o que aprendan a quitárselos de encima.

Un ejemplo de esa interacción entre genes y educación lo tenemos en un curioso pánico que ha penetrado en los niños estadounidenses en los últimos años: el miedo a ser abducidos por extraterrestres. ¿Qué es lo que temen esos niños? Básicamente, tienen miedo de que, cuando estén solos, un objeto flotante enorme se abalance sobre ellos. Después imaginan que empiezan a correr y que sienten de repente un dolor agudo en el costado y caen al suelo. Se acercan a ellos varias criaturas cargadas con instrumentos de aspecto raro, les examinan todo el cuerpo, y luego, utilizando un extraño mecanismo, los elevan por los aires. Acabadas todas las revisiones, los extraños sujetan un objeto fabricado con un metal desconocido en su oreja y desaparecen de la misma repentina forma que han aparecido. Así los dejan otra vez solos, sin saber si acaban de vivir una pesadilla o un encuentro real.

Si analizamos esta escena, todo en ella resulta contemporáneo, y en una primera lectura, no nos cabe duda de que los niños temen eso porque sus padres y el medio que los rodea les han hablado de ese tipo de parafernalia extraterrestre. Pero si nos fijamos un poco más en la escena, podemos distinguir todos los miedos ancestrales que siempre han tenido los niños, vivan en la época en que vivan: la soledad y la sensación de desprotección, los peligros que vienen de arriba dejándolos indefensos, las criaturas vivas desconocidas e impredecibles, la tecnología que no controlan... De hecho, si se lee con atención la descripción de la escena, uno se da cuenta de que los tecnológicos niños estadounidenses de este principio de milenio imaginan lo mismo que sentiría un cachorro de león que tuviera un encuentro con un grupo de biólogos que le colocara un chip.

Los miedos de los niños, aunque se revistan de una parafernalia futurista y sofisticada, proceden, al final, de miedos ancestrales. Y por eso, aunque por lógica sus temores deberían ser las armas de fuego, el traslado en coche sin cinturón de seguridad o los accidentes caseros, nuestros hijos tienen los mismos miedos que han caracterizado a la infancia a lo largo de la historia. Una reciente encuesta entre escolares de Chicago mostraba que sus temores eran... los leones, los tigres y las serpientes. Como todos los niños, ellos temían que en el cajón de su mesa apareciera un ofidio, aunque supieran que la serpiente venenosa libre más cercana está a miles de kilómetros de ese cajón.

Entonces, ¿qué papel tenemos los padres en el tema del miedo?

INTROVERSIÓN/EXTRAVERSIÓN

Hay una característica de la personalidad de nuestros hijos que se puede confundir fácilmente con el miedo: la introversión. Según H. J. Eysenck, el psicólogo que elaboró la teoría más conocida sobre esta característica, los niños introvertidos tienen un mayor nivel de arousal cortical, es decir, poseen un cerebro que está activo continuamente, sin apenas necesidad de estímulos exteriores. Los extravertidos, por el contrario, son niños que tienen una activación cortical más baja, y por eso necesitan más estímulos exteriores para sentirse bien.

Esto hace que los niños introvertidos precisen estar mucho tiempo solos: necesitan pararse de vez en cuando a escuchar su propia mente. Y para eso, no hay nada como el silencio y la soledad. De hecho, los experimentos sobre deprivación sensorial, en los que se eliminan todos los sonidos y todos los estímulos visuales, son soportados mejor por los introvertidos. Y al revés, las condiciones en las que hay mucha estimulación (una fiesta de cumpleaños, por ejemplo) son más placenteras para los extravertidos. Los niños introvertidos necesitan estar solos de vez en cuando, o al menos, en situaciones con menos estimulación. Y eso es muy difícil de conseguir en un cumpleaños...

Tener en cuenta este factor de la personalidad es esencial para educar a nuestros hijos. Por ejemplo, los niños introvertidos tienen más interiorizadas las normas sociales que los extravertidos. Por otra parte, los experimentos demuestran que los extravertidos aprenden mejor con premios, y los introvertidos, cuando las cosas

> les salen mal. Pero además de estas diferencias, saber si nuestro hijo tiende a la introversión o a la extraversión es esencial para ayudarlo a manejar el miedo. Los introvertidos asimilan más lentamente los estímulos nuevos: tienen que digerirlos despacio. Por eso a veces parecen tener más miedo a las personas o a los lugares que no conocen. No te preocupes: es una cuestión de ritmos. Los introvertidos no son más miedosos; simplemente, van más despacio.

LOS VENDEDORES DE MIEDO Y LOS QUE GENERAN CONFIANZA

Lo que hacemos los padres es recoger ese bagaje genético y maximizarlo o minimizarlo. Cuando nos convertimos en *Vendedores de miedo* agrandamos los temores de nuestros hijos. En esas ocasiones, de forma inconsciente, fomentamos sus angustias primeras y las convertimos en verdaderas fobias. Vender miedo es una vieja táctica para conseguir que las personas dependan de nosotros. Ser vendedor de miedo es generar desconfianza hacia el mundo en nuestros hijos para luego convertirnos en sus salvadores. Creamos tabúes, entidades que les dan miedo y de las que no pueden hablar. Si nuestro hijo adquiere esos temores, necesitará siempre a alguien que le brinde protección. Y quizás esa dependencia sea el beneficio secundario que, de forma inconsciente, perseguimos con tal actitud: nuestro hijo nos necesitará, y eso nos dará sensación de poder. Eso sí, el precio psicológico que el niño paga es muy alto.

Si no queremos convertirnos en vendedores de miedo, tenemos que ayudar a nuestros hijos a manejar sus angustias. Y para eso debemos desenvolvernos en dos tácticas:

Ⓐ La primera es la que usaremos cuando creamos que el miedo de nuestro hijo ya no es adaptativo, es decir, cuando pensamos que procede de algo que ya no es peligroso (aunque lo fuera en el pasado). Cuando nuestro hijo tenga este tipo de aprensiones que sólo generan problemas (por ejemplo, el miedo a la oscuridad), debemos ayudarlo a exponerse al objeto del temor en un clima de seguridad y respetando sus ritmos y su personalidad. Así verá que no le sucede nada malo. Es lo que habitualmente hacemos, por ejemplo, con el miedo que acabo de mencionar, el miedo a la oscuridad: le enseñamos que en el mundo en el que vive ese temor ya no es útil exponiéndolo gradualmente a situaciones en las que esté a oscuras. Si nuestra labor tiene éxito, acaba perdiendo el miedo. La misma labor de extinción de temores arcaicos la realizamos en nuestra cultura con los animales domésticos, los lugares cerrados y el fuego.

B La segunda estrategia la utilizaremos cuando el miedo ancestral de nuestro hijo continúe siendo adaptativo para su vida futura. No debemos olvidar que el miedo existe en el ser humano para apartarlo de peligros que sería insensato correr. En la civilización moderna, los peligros no son tan claros y objetivos. El riesgo físico real no nos resulta fácil de prever: no hay depredadores, la noche no es tan insegura, la violencia no está presente en todos los lugares. Si no le ponemos nombre, el miedo de nuestros hijos se acabará convirtiendo en ansiedad inespecífica, un sentimiento que los paralizará y no los ayudará a sobrevivir. Por eso, la mejor forma de ayudarlos es nombrando sus temores y creando, junto con él, una forma de hablar de ellos que le permita sentirlos como normales. Si se han producido por asociación (como el miedo de Alberto), los ayudaremos identificando la situación que hizo nacer ese temor. Si son miedos fundamentados, les echaremos una mano haciéndoles ver que su miedo es adaptativo. Es lo que, en teoría, pretendemos hacer en nuestra cultura con miedos como la muerte, el dolor o la soledad, temores que siguen vigentes y que tratamos de que nuestros hijos normalicen.

En todo caso, tanto si queremos ayudarlos a extinguir un miedo como si pretendemos echarles una mano en la tarea de normalizarlo, es esencial hablar con nuestros hijos de sus objetos temidos. Una de las necesidades básicas del ser humano es nombrar el mundo que lo rodea: etiquetar algo sirve para que sea posible pensar sobre ello. Lo que no tiene nombre acaba produciendo sensaciones difusas e imposibles de analizar. Si algo no se puede definir, tampoco se puede controlar, y nos produce sensación de indefensión. Si no ayudamos a nuestros hijos a encontrar una forma de hablar de aquello que les produce desasosiego, acabaremos convirtiendo esa ansiedad en miedo.

De hecho, los adultos tenemos la misma necesidad de etiquetado: basta con ver el alivio que produce una primera visita al médico en la que éste se limita a dar un diagnóstico. A los adultos, tener un nombre nos genera sensación de control. Y eso mismo les ocurre a nuestros hijos.

> **LOS SENOI Y LOS SUEÑOS**
>
> En 1932, el antropólogo británico Pat Noone, explorando la isla de Malaca, se encontró con la tribu de los senoi. Descubrió en ellos una forma de vida curiosamente pacífica y feliz: no se conocían casos de crímenes ni de violencia. Noone se preguntó qué era lo que hacía a esta tribu tan diferente del resto y descubrió que lo que fundamentaba la cultura senoi era el ritual de compartir los sueños. Cada mañana, las familias, formadas por un gran número de personas, se reunían para explicarse los unos a los otros sus sueños y discutirlos. En cuanto un niño había aprendido a hablar, se lo animaba a que contase sus sueños a los demás. De este modo, se iba familiarizando poco a poco con su mundo interior y con el de las personas que lo rodeaban. Una escritora francesa decía que el sueño es el momento en el que el sabio y el loco que están dentro de nosotros se cuentan sus secretos. Los senoi dicen lo mismo de otra forma: creen que los personajes que aparecen en los sueños son los espíritus de animales, plantas, árboles, montañas y ríos. Por medio de su amistad con tales espíritus, según descubrió Noone, creían que

> podían aprender cosas que nunca llegarían a conocer por medio de sus sentidos. Si un niño senoi sueña que es perseguido por un animal y se despierta aterrorizado, su padre lo animará a que haga frente a su perseguidor en otro sueño. Si el animal es muy grande y el niño no se atreve a plantarle cara, le aconsejará que llame a sus hermanos o amigos para que lo ayuden a enfrentársele en sus sueños. De esta forma, aprenden a establecer buenas relaciones con las figuras de sus sueños; aunque en un primer momento los atemorizasen, pueden llegar a convertirse en buenas consejeras. Los senoi utilizan sus sueños para perder el miedo al miedo, que es lo que realmente paraliza a los seres humanos.

VIAJANDO EN LA DIRECCIÓN DEL MIEDO. SITUACIONES COTIDIANAS EVOLUTIVAS.

Por eso, irás viendo cómo en las situaciones que te planteo vamos acercándonos progresivamente al miedo de tu hijo. Mientras sea bebé, los miedos serán difusos: teme que le pase algo, pero no sabe qué. Poco a poco, irá focalizando sus miedos, poniéndolos en un objeto determinado. El miedo a los bichejos («Hay una araña peluda en mi cama...») es un ejemplo de ese tipo de situación. Al final, sus aprensiones tendrán más que ver con circunstancias concretas, como puede ser la de quedarse solo.

Ve ayudando a tu hijo a perder el miedo al miedo. Habrá temores que se conviertan en precauciones, porque habrá cosas a las que será mejor que no pierda el temor: el pánico ancestral a ser arrollado, por ejemplo, se convertirá en precaución a la hora de cruzar las calles. Habrá otros temores que, sin embargo, puede perder gradualmente, como el miedo a la oscuridad. En todo caso, acompañándole de la mano en este viaje y ayudándolo a dar nombre a sus aprensiones, le daremos sensación de control. Y eso es lo que más va a necesitar.

Veamos casos concretos, que te ayudarán a enfrentarte mejor a las diferentes situaciones.

EL BEBÉ TEME A LOS QUE NO CONOCE 6 meses/18 meses

Recuerda que esa reacción es síntoma de un buen desarrollo. Aunque leas que esta etapa tiene nombres poco tranquilizadores (angustia del octavo mes, la llaman los más melodramáticos de los especialistas), en realidad lo que está sucediendo es algo muy positivo: el niño empieza a distinguir a sus padres de los extraños. Hasta ahora la diferencia no era tan clara y, por eso, sonreía indiferentemente a cualquier rostro que se inclinara sobre él. Ahora sabe reconocer.

Si no lo has hecho aún, ofrécele, alrededor del sexto mes, un objeto que lo ayude a hacer la transición. Fomenta que algo que le guste (una almohada, un muñeco de peluche, un juguete para bebés) se convierta en el objeto familiar que le dé seguridad. Haciendo esto, lo estás educando en una estrategia importante para los seres humanos: en las épocas de cambio nos aferramos a un objeto permanente que nos ayude a hacer la transición.

En presencia de un desconocido, no te tomes ese miedo a la ligera. Está en una etapa de transición inevitable que afrontará sin mayor problema, pero es su primer viaje en la dirección del miedo y es mejor que lo haga con sensación de seguridad. El bebé tiene necesidad de gestos tranquilizadores. Por ejemplo, si te vas a la habitación contigua y lo dejas con otra persona, háblale desde allí o cántale, así se dará cuenta de que no te has ido.

Cuida tu comunicación no verbal delante de él. El bebé es muy sensible a las miradas, los gestos, el manejo de la distancia... En este momento, es su forma principal de comunicarse contigo. Intenta controlar ese tipo de mensajes delante de él para darle sensación de normalidad. No le digas: «No pasa nada» (no lo va a entender todavía); haz que lo comprenda con una mirada tranquilizadora, gestos sosegados, y los acercamientos y alejamientos habituales. Un ejemplo: cuando estamos haciendo algo de lo que nos sentimos culpables y creemos que va a ser malo para el bebé, tendemos a no tocarlo antes de irnos. Si le acaricias y te despides con normalidad, sabrá que no pasa nada.

Si puedes, no esperes a que el bebé tenga esta edad para volver a salir con normalidad. Los padres tendemos a no movernos de casa en los seis u ocho primeros meses y, después, cuando las paredes se nos caen encima, empezamos a querer salir. Lo que ocurre es que, para el bebé, esta época es la peor para acostumbrarse a ese cambio. Es mejor que empieces antes: cuatro meses es la edad ideal para habituarle a canguros y abuelos.

Si esta época coincide con sus primeras separaciones de ti, hazlo progresivamente. Vete, al principio, una hora; después, dos, y luego, toda una mañana. Acompásate a su ritmo porque ésa será su forma de acercarse a lo que teme: hay seres humanos que prefieren ir más deprisa y hay otros que prefieren hacerlo más despacio. Y sobre todo, no esperes a tener que dejarlo con alguien durante largo tiempo por culpa de una urgencia: él pasará más miedo (notará que ocurre algo anormal), y tú, también (tendrás menos sensación de control sobre la situación).

CONOCIMIENTO PROHIBIDO

Una muchacha joven y frágil, casi una niña, es prometida en matrimonio. El futuro marido es un hombre inmensamente rico y amable de trato, pero con una mirada fiera y un físico que impone miedo. Lo caracterizan una gran estatura, una complexión fuerte y una aterradora barba negra azulada.

La niña-mujer está al corriente de que Barbazul ha tenido antes otras esposas y nadie sabe qué ha sido de ellas. Pero eso deja de importarle cuando va descubriendo que la convivencia con su marido es feliz y agradable. Hasta que un día éste se marcha a un largo viaje y, confiando a su esposa las llaves de su castillo, le prohíbe entrar en una pequeña estancia del sótano.

Ella no consigue controlar su curiosidad, y cuando finalmente abre la puerta prohibida, encuentra los horrendos restos de las esposas anteriores descuartizadas. Cuando Barbazul regresa, se da cuenta de que ha sido descubierto porque la llave contiene aún manchas de sangre. El castigo que espera a nuestra joven protagonista es el mismo que sufrieron todas las esposas anteriores.

Esta historia se ha contado muchas veces en distintas versiones. Y siempre con el mismo aviso para navegantes: existe un conocimiento prohibido; hay cosas que es mejor no saber.

A nuestros hijos, esta moraleja les llega a través de muchos medios. Los cuentos tradicionales hablan continuamente de niños que han roto el tabú. Pero también se transmite ese mensaje en películas, juegos de ordenador y cómics. En muchos lugares, les dicen que la curiosidad se paga porque querer saberlo todo es malo. De nuestra respuesta como padres dependerá que interioricen o no esa idea.

EL NIÑO TIENE PÁNICO A DETERMINADOS ANIMALES 2 años/5 años

Es mejor que el niño concrete sus miedos a dejar que éstos le afecten de forma difusa. Los temidos bichos son, en gran parte, un chivo expiatorio: ayudan al niño a aprender a identificar las sensaciones del miedo, a pedir ayuda y a superar, posteriormente, el miedo. Si lo ayudas, podrá desarrollar su autoestima al ver que es capaz de superar sus temores. No le pidas que no tenga miedo (al contrario, recuérdale que todos los seres humanos tenemos miedo a algo); ayúdalo a que aprenda a superarlo.

No insistas mucho en las razones del miedo: concéntrate en la sensación misma. Cuando alguien teme algo que a nosotros no nos causa desazón, tendemos a explicarle con argumentos que no debe tener miedo. Como todos sabemos, es una estrategia inútil. Se puede tener miedo a los fantasmas y no creer en ellos; se puede tener fobia a los ascensores sabiendo que la probabilidad de un accidente es mínima. El miedo es visceral, no racional. Trabaja con tu hijo la sensación: dile que no luche contra ella, que no intente hacerse el valiente: «Entiendo que tengas miedo... ¿Qué te pasa cuando ves una araña? Vamos a acercarnos un poquito y ahí te ayudo a tranquilizarte». Acepta su miedo (no lo minimices) y ayúdalo a ir superándolo a su ritmo y teniendo en cuenta sus características de personalidad.

Mantén un equilibrio: es sano que el niño tenga miedo, pero es insano que adquiera fobias. El miedo le resultará adaptativo porque lo protegerá de los peligros; las fobias, no, porque lo paralizarán inútilmente. Por lo general, los temores de tu hijo a los animales no serán invasivos y le permitirán vivir normalmente. En general, el miedo desaparece en los siguientes meses. La actitud adaptada de su entorno le permite resolver con bastante rapidez el problema. En este caso, lo que tu hijo necesita es comprensión (que no niegues su miedo) y seguridad.

Si el miedo es incapacitante, entonces se ha convertido en fobia. A veces, los temores del niño lo llevan a adoptar comportamientos invalidantes: negarse a hacer el trayecto habitual porque hay palomas que lo aterrorizan, no querer ir al parque porque un caniche lo asustó una vez… En caso de una fobia persistente y contagiosa es mejor intervenir o consultar a un especialista: esta edad es el mejor momento para evitar que tu hijo aprenda a desarrollar estos mecanismos de afrontamiento que le van a resultar poco adaptativos.

LOS TABÚES GENERAN MIEDO

El actor canadiense Hume Cronyn pertenecía a una familia adinerada. Gracias a eso (o por culpa de ello), pasó su infancia en una mansión de estilo eduardiano en la que todos sus habitantes se comportaban con una exquisita elegancia y autocontrol. Ésta es una de las anécdotas que recuerda en su libro:

Nunca podré olvidar aquella noche en que estábamos cenando y mi padre sufrió un espasmo repentino. Su mano cayó dentro del humeante plato de queso revuelto con huevo. Perdió entonces el conocimiento, y todos permanecimos sentados, esperando a que el mayordomo lo acomodase de nuevo en su silla, le secara cuidadosamente la mano y le sirviera un nuevo plato. Al cabo de un rato, mi padre recuperó el conocimiento y, levantando los ojos, nos miró, desconcertado. Entonces, reanudamos la conversación en el mismo punto en que la habíamos interrumpido. Cuando finalmente se dispuso a coger el cubierto de plata, se detuvo y miró fijamente la mano escaldada, sin comprender lo que había ocurrido.

Los padres, además de transmitir valores y dictar conductas, enseñamos qué es lo que los hijos pueden ver y qué es lo que no; en qué cuestiones pueden fijarse y sirven como posibles temas de conversación, y cuáles es mejor no tocar. El psiquiatra Ronald Laing decía que todas las familias que había conocido determinaban, en primer lugar, lo que puede decirse, o sea, qué aspectos de la vida en común pueden mostrarse abiertamente y cuáles deben permanecer ocultos y negados. Una vez conseguido esto, la familia también intentaba enseñar normas a los hijos sobre qué palabras pueden utilizarse para hablar de esos temas y cuáles tienen una carga emocional demasiado fuerte.

Al crear tabúes, generamos enormes zonas oscuras. Y esos agujeros negros, esos temas de los que no se puede hablar o de los que hay que hablar de determinada manera, acaban convirtiéndose en los asuntos que dan miedo a nuestros hijos cuando se hacen mayores.

De hecho, el actor Hume Cronyn contaba siempre que se hizo actor principalmente para espantar sus terrores: era un hombre al que todo le daba miedo.

Estar alerta acerca de cuáles serán los tabúes futuros es esencial para atajar este problema. Los temas de los que *no se puede hablar* cambian con los tiempos. En la cultura euroamericana, por poner un ejemplo, era difícil hace cien años hablar del tema de la sexualidad. Ahora es más complicado hablar de espiritualidad... ¿Qué ocurrirá en el futuro? Hay que estar abiertos a él.

EL NIÑO NO QUIERE QUEDARSE SOLO   4 años / 6 años

La conciencia de peligro es mejor que su banalización o que un optimismo ingenuo. Si quieres empezar a dejarlo solo, no te intentes tranquilizar quitándole importancia a lo que vas a hacer. Le estás pidiendo que empiece a responsabilizarse de sí mismo mientras bajas un momento a comprar el pan o a la farmacia. Lo asumirá mejor si se lo explicas que si le dices: «Tranquilo, cariño: voy a bajar un momento muy deprisa, muy deprisa, y seguro que no te va a dar tiempo a notarlo». Explícale, mejor, que comienza a ser mayor y ya sabe quedarse solo durante unos instantes. Puede haber acontecimientos que le resulten inquietantes (los ruidos de la casa, las sombras que aparecen, el teléfono que suena): pídele que luego te cuente si le han dado miedo o no, y cómo ha comprendido que no era nada peligroso. Y, después, por supuesto, alábalo por su valentía.

Si quieres saber si es el momento de dejarlo solo, pregúntaselo. A partir de los cuatro o cinco años, se le puede dar la posibilidad de una verdadera elección, sin presionarlo ni prometerle recompensa alguna: es la mejor forma de acompasarnos a su ritmo de autonomía. El niño debe sentirse libre para aceptar o no nuestra petición. Respeta su ritmo: las ganas que tenga de *hacerse mayor* en este sentido dependerán de su perfil de personalidad. Por ejemplo, un niño más abierto a nuevas experiencias tendrá más prisa por ser capaz de quedarse solo. Si has previsto una siesta o una salida a la calle, pregúntale si le importa estar un rato sin ti. Si se niega es que todavía no está preparado.

Comprende que no hay dos niños iguales: no compares a tu hijo con otro. Hay muchos factores que hacen que para tu hijo quedarse solo pueda ser más o menos fácil: el momento del día en que se encuentra (los niños *diurnos* tienen más temor a la noche, y viceversa); la necesidad que tiene de *hacerse el mayor*; la familiaridad del ambiente en el que se queda... Habla de todo esto con tu hijo para ayudarlo a encontrar explicaciones a sus temores y así verbalizareis una historia normalizada en la que encuadrar su miedo.

Utiliza los *pasos atrás*. Algún día volverás de casa de la vecina después de dejar cinco minutos solo a tu hijo y te encontrarás con que corre a tu encuentro y se agarra a ti con alivio: ha pasado miedo. Aprovecha esta circunstancia para averiguar qué es lo que le da miedo y qué se puede hacer para proporcionarle seguridad ante eso en la próxima ocasión. Y también aprovecha para hacerle entender que hacia el miedo se viaja poco a poco, dando dos pasos adelante y uno atrás... Pero también intenta que comprenda que pocos viajes merecen más la pena.

APERTURA A NUEVAS EXPERIENCIAS

La siguiente escena, variando únicamente la protagonista, ha tenido lugar en muchos lugares y en muchas épocas.

Un grupo de niñas, que ese día duermen juntas en casa de una de ellas, entran en una habitación que tiene un espejo grande en una de las paredes. Cuando están allí, apagan las luces y encienden las velas de un candelabro. Después, empiezan el juego. Comienzan a girar alrededor de sí mismas pronunciando un nombre en susurros: «Bloody Mary» (Mary la Sangrienta). Cuando el giro las pone de frente al espejo, van elevando progresivamente el volumen de la invocación, hasta que se convierte en un grito: «Bloody Mary, Bloody Mary, Bloody Mary...». Después de pronunciar el nombre trece veces, en el espejo aparece...

La leyenda, extendida entre las niñas de muchos países anglosajones, cuenta que, siguiendo este ritual, podrán ver a una mujer que les hará estremecerse de terror. Incluso existe una variante: si las niñas dicen «Hell Mary» (Mary Infernal) siete veces frente a un espejo en una habitación a oscuras aparecerá el rostro de Satán.

Hay multitud de elementos psicológicos que confluyen para crear un ritual como éste entre los niños. Por una parte, el halo mítico convierte a un personaje histórico como la reina María Tudor (recordada por los cientos de protestantes a los que hizo ajusticiar) en *Mary la Sangrienta*. Por otra, el pensamiento simbólico, tan importante entre los niños, interpreta muchas veces los espejos como una puerta de entrada al más allá. De hecho, es práctica común en algunas culturas cubrir los espejos con paños negros cuando hay niños en casa y ha tenido lugar algún fallecimiento recientemente.

En todo caso, este tipo de ritual es practicado siempre a una determinada edad: la que transcurre entre los nueve y los doce años y que es etiquetada como la *edad de Robinson*. Éste es el período en que los niños necesitan satisfacer su necesidad de emociones participando en juegos rituales y jugando en la oscuridad. Buscan constantemente una forma segura de obtener placer y de liberar la ansiedad y los miedos ancestrales. Es decir: es la edad en la que la apertura a nuevas experiencias empieza a ser más fuerte que el miedo.

La apertura a nuevas experiencias es la necesidad de nuevas sensaciones. Los niños que puntúan alto en este factor de la personalidad tienden a huir de la rutina y a buscar experiencias que los estimulen intelectualmente. Para ellos, la vida no consiste en evitar que a uno le sucedan cosas malas, sino más bien en procurar que a uno le ocurran cosas interesantes. Y esto los hace adentrarse en senderos desconocidos.

El buen equilibrio entre prevención y curiosidad por el mundo se alcanza en la infancia. Por eso, depende de nosotros preparar a nuestros hijos para esas experiencias nuevas que van a buscar cuando crezcan.

4

Mi hijo está comiendo
Cómo educar mientras alimentamos

LAS PERIPECIAS DE HARRY HARLOW

Allá por los años cincuenta del siglo pasado, Harry Harlow, un investigador de la Universidad de Wisconsin, decidió averiguar por qué les tenemos cariño a nuestros padres.

Harry era un tipo curioso, que había observado, en el transcurso de su trabajo, que muchos bebés monos criados en condiciones de laboratorio mostraban gran apego por las colchonetas de tela o los pañales de gasa doblada que cubrían el suelo de las jaulas. Los monitos se abrazaban a esos objetos y organizaban grandes rabietas cuando, por razones de higiene, los cambiaban. Harlow también sabía (aunque fuera de oídas, porque en esa época los hombres no se implicaban nada en el cuidado de los bebés) que los cachorros humanos muestran idéntica adherencia hacia los juguetes y otros objetos blandos.

En esos tiempos, muchos sabios en la materia opinaban que el apego que sienten los bebés por sus progenitores se explicaba por el hecho de que éstos satisfacen su necesidad de alimento. Pero Harlow creía que la razón principal era otra. Por eso pidió que le confeccionaran dos madres sustitutivas para bebés monos e ideó con ellas un sencillo experimento. Una, la madre de trapo, resultaba suave al tacto e irradiaba calor. La otra, la madre de alambre, era similar en todo (por ejemplo, ambas tenían mamas), pero estaba hecha de malla de alambre y no producía placer durante el contacto. Poco después de nacer separó a los bebés monos de sus verdaderas madres (más tarde pediría perdón por haber cometido semejante crueldad, aunque aseguró que lo había hecho en beneficio de la ciencia) y los puso en la habitación donde estaban la madre de trapo y la madre de alambre. Las dos madres proporcionaban la misma cantidad de alimento, y la pregunta era cuál de las dos preferirían los monitos si la única diferencia era el tacto y la temperatura.

Pues bien, la inmensa mayoría de los monos preferían a la mamá de trapo. Como promedio, pasaban dieciocho horas al día abrazándose a ella, y menos de dos horas diarias con la de alambre.

Pero la verdadera sorpresa consistió en que los resultados fueron casi iguales para el grupo que sólo podía conseguir leche de la madre de alambre: también ellos pasaban la mayor parte del día pegados a la de trapo.

En experimentos posteriores, Harlow siguió investigando qué es lo que realmente buscan los bebés. Y encontró, por ejemplo, que un factor muy importante –sobre todo, en las dos primeras semanas– es el calor que la madre proporciona. Esto lo averiguó viendo cómo los bebés monos se apartaban de las «madres sustitutivas con agua helada en las venas», siniestro y sugerente nombre que eligió para unas muñecas que él rellenó con agua fría. Además, Harlow averiguó que los monitos preferían a las madres de trapo que los mecían hacia atrás y hacia adelante antes que a aquellas que los dejaban quietos, sin mecerlos.

Después de todos esos experimentos, nuestro astuto investigador dejó en paz a los animalitos y los devolvió con sus progenitores verdaderos para que ellos les dieran los mimos que necesitaban. Había demostrado algo que, de todas formas, la mayoría de las personas sabíamos: los bebés monos no sólo aman porque estén hambrientos, sino que, además, suelen estar hambrientos de amor. Buscan comida, pero también buscan calor y contacto físico.

EL QUE TIENE BOCA SE EQUIVOCA
A partir de entonces, el calor, el tacto y la alimentación se empezaron a analizar como asuntos muy importantes. Las investigaciones de Harlow fueron criticadas por haber sido realizadas con objetos y animales como los monos, carentes de nuestra complejidad cultural. Pero su repercusión fue muy grande y probablemente ha sido la causa de que, hoy en día, cuando se habla del tema de la alimentación se haga mucho hincapié en la búsqueda de calor y contacto físico. Pero conviene recordar que los hábitos alimentarios suponen también una oportunidad de iniciar el proceso de endoculturación de nuestro hijo: los que establecemos a la hora de darles comida les están enseñando mucho sobre la sociedad en la que van a vivir.

Se llama *endoculturación* al proceso por el cual introducimos a nuestros hijos en los patrones de nuestra cultura. El proceso es, en principio, adaptativo: una de las funciones de la familia es enseñar a los niños las pautas de la sociedad en la que ha nacido. Los padres somos anfitriones de nuestros hijos: los acogemos en nuestra cultura y, por lo tanto, tenemos asignada la tarea de «ir enseñándoles la casa» y explicándoles cómo funciona todo lo que hay en ella. Todas las sociedades tienen una forma de comportamiento y unos ritmos vitales característicos, y si el recién llegado no los conociera chocaría continuamente con el mundo que lo rodea. La familia sirve para enseñarnos esas normas en un ambiente emocionalmente acogedor. Es mejor «cogerle el ritmo» a nuestro mundo entre personas que nos tienen un cariño incondicional que hacerlo entre aquellos que nos van a juzgar y se van a apartar de nosotros si no nos adaptamos a su paso.

Pero el poder que tenemos los padres puede ser también utilizado para transmitir a nuestros hijos muchas más cosas que unas mínimas normas sociales. Nuestros caprichos, nuestros miedos y nuestras frustraciones entran en el saco educativo. Y muchos de los problemas de alimentación que tienen nuestros hijos tienen que ver con cuestiones personales que hemos transmitido sin darnos cuenta.

Por otra parte, la ventaja de la endoculturación como mecanismo adaptativo tiene sus limitaciones: nosotros mismos no somos conscientes de todo lo que transmitimos y, además, las pautas cambian con los tiempos, y nosotros no lo solemos hacer. Nuestra cultura no sólo se ve afectada por modas en música, ropa y cine, también varía la forma de alimentarse. Estar atento a nuestra labor educativa en este tema es esencial.

EMIC Y ETIC

Hay una distinción que establecen algunos antropólogos que nos puede ayudar a entender por qué la endoculturación es un proceso más complejo de lo que en principio aparenta.

Los padres somos conscientes de transmitir las pautas *Emic*, que son aquellas que admitimos como parte de nuestra sociedad. Las culturas tienen descripciones y juicios acerca de cómo funciona esa sociedad por dentro. Esas descripciones, que llamamos *Emic*, es lo que cualquier miembro de esa cultura le cuenta a un visitante externo. Por ejemplo, si alguien que no conoce nuestra cultura nos preguntara por las pautas de alimentación, nosotros le explicaríamos detalladamente los hábitos que queremos transmitir y le diríamos que van encaminados a conseguir un buen equilibrio y un peso adecuado.

Pero esas descripciones no tienen por qué corresponderse con la realidad. Para averiguar lo que ocurre objetivamente tendríamos que recurrir a las estadísticas y averiguar las pautas *Etic* de nuestra sociedad, es decir, lo que realmente transmitimos. Porque, según los antropólogos que creen que lo *Emic* y lo *Etic* son cosas distintas, una de las cosas que nos enseña nuestra cultura es cómo engañarnos a nosotros mismos. Siguiendo con el ejemplo anterior: las estadísticas muestran que nuestra sociedad tiende, cada vez más, a educar a los niños para que sean obesos.

Endoculturizar significa enseñar a nuestros hijos tanto aquello que creemos transmitir (normas *Emic*) como aquello que nos han enseñado a transmitir (normas *Etic*). No debemos olvidarlo.

COMER PARA VIVIR. SITUACIONES COTIDIANAS EVOLUTIVAS

La introducción al mundo gastronómico de nuestra cultura es algo que hacemos día a día. Nosotros somos los anfitriones de nuestros hijos en nuestra cultura alimentaria. Y a través de este proceso, somos también los anfitriones en una serie de fenómenos que marcarán la vida de nuestro hijo: la importancia del calor y el contacto físico, la imagen física que tendrá de sí mismo, la comunicación que mantengamos con él... Estos conceptos irán, poco a poco, alimentándolo, al igual que lo hace la comida. Y al final de estos años, tu hijo comerá sin que hacerlo se convierta en todo un problema. Comerá para vivir, en vez de vivir para comer. Vamos a ver diferentes situaciones.

EL BEBÉ EMPIEZA A ALIMENTARSE   0 años/1 año

Una vez que hayas optado por una forma de alimentación, trata de aprovechar sus «ventajas psicológicas». Si optas por la leche materna, amamantarlo te ayudará a establecer un continuo vínculo madre-hijo a través de la alimentación. Si optas por el biberón, podrás repartir más fácilmente las tareas de alimentación con otras personas, y eso te dará más tiempo y más energías para establecer otras relaciones con el niño. En todo caso, disfruta de este momento: la alimentación de tu bebé es una estupenda oportunidad para darle calor y contacto físico, y disfrutar del que te da él. Si alimentarlo se convierte en un placer para ti, todo va a resultar mucho más fácil para él.

Aprende a confiar en su capacidad de autorregulación. Tu hijo tiene capacidad natural para pedir, tanto en lo referente a preferencias alimentarias como en lo que respecta al apetito. Sin embargo, en muchos casos nuestros padres no confiaron en esa capacidad innata. Si éste fue tu caso, es posible que a veces te cueste saber cuándo tiene hambre tu hijo y cuándo no. Si no estás acostumbrado a confiar en tu propio apetito, es difícil que confíes en el de tu hijo. Tal vez te preocupe que el bebé no coma lo suficiente o que no ingiera los alimentos adecuados, y consideres que deberías estimularlo e incluso forzarlo a comer más. Reflexiona sobre cuál es tu relación con la comida y, si ves que no ha sido buena, trata de que tu hijo no la reproduzca.

> **¿POR QUÉ LO HACE TODO TAN LENTAMENTE?**
>
> Nada como la experiencia de dar de comer a nuestro hijo cuando tenemos prisa para darnos cuenta de que vivimos en mundos paralelos. Por lo menos, en lo que respecta a la velocidad a la que se hacen las cosas. Parece que el tiempo para ti y para tu hijo transcurre de forma diferente…
>
> Pues bien, según un reciente estudio de la Universidad de Jerusalén, efectivamente es así. Porque según esta investigación, hay un factor que influye decisivamente en cómo sentimos el paso del tiempo: las rutinas.
>
> Ejecutar siempre los mismos rituales cada día hace que el tiempo pase más deprisa. Las rutinas son, según este estudio, una forma de inacción, y por eso, para nuestros hijos, el tiempo pasa mucho más lento que para nosotros. Ellos viven en un mundo sin rutinas, un lugar enteramente nuevo y en el que cada instante aporta nuevas experiencias. Sin embargo, a medida que se van haciendo mayores y van estableciendo hábitos, su tiempo se va acelerando. La metáfora que usan estos investigadores es muy gráfica: las rutinas constituyen una línea recta en nuestra memoria; son la forma más rápida de llegar al final. Todas las nuevas experiencias son, sin embargo, desviaciones en forma de curva que hacen que el final del día tarde más en llegar.
>
> El estudio explica por qué para ellos el tiempo va más lento y por qué no tienen prisa en acabar de comer: están descubriendo el mundo. También explica por qué a nosotros se nos hace tarde enseguida y perdemos la paciencia a veces con ellos: para nosotros, comer es una rutina. Y por eso los padres, al ayudar a interiorizar rutinas a nuestros hijos, contribuimos a que su tiempo se acelere.

> **EL ESTÓMAGO DE TOM**
>
> Tom, un niño de nueve años, pasó a la historia de la investigación científica gracias a su entereza y a un accidente que sufrió en 1895.
>
> Tom era un niño irlandés que vivía en Estados Unidos. Un día que estaba ferozmente hambriento se bebió un tazón de sopa de potaje con almejas y estaba tan caliente que le destruyó el esófago. A partir de ese pantagruélico momento, a Tom le fue imposible ingerir alimentos. Así que se le hizo una perforación en el estómago por donde se le podía introducir la comida.
>
> Gracias a eso, Tom pudo seguir una vida normal. Y gracias a eso, un profesor universitario de Oklahoma que lo contrató pudo estudiar, por primera vez, la relación entre el estómago y las emociones. El investigador seguía todos los detalles de la vida privada de Tom y lo escuchaba cuando éste le contaba sus pensamientos, y así pudo comprobar la relación entre la actividad de esa víscera y la psicología de la persona.
>
> De hecho, gracias a los experimentos realizados con este niño se averiguó que el estómago tiene mucho más que ver con las emociones que el corazón. Cuando Tom tenía miedo, paralizaba la actividad de su estómago. Cuando tenía ansiedad inespecífica, sin embargo, la aceleraba. Y cuando estaba estresado era incapaz de sentir si su estómago estaba vacío o lleno, perdía los ritmos alimentarios y acababa comiendo poco o comiendo demasiado. Es decir, le pasaba lo mismo que a todos los niños.

EL NIÑO EMPIEZA A MASTICAR   1 año/3 años

Tómatelo con calma: la comida no es sólo una forma de introducirse en la cultura; es también una iniciación al placer de los sentidos y a la alegría de vivir. En esta edad, tu hijo se está abriendo a un abanico de texturas y gustos nuevos para apreciarlos así con más facilidad. Si nos centramos demasiado en el tema de las pautas, perderemos de vista la «educación en hedonismo». La capacidad de disfrute (el hedonismo) es esencial, y éste es uno de los mejores momentos para aprenderla. Ve introduciéndolo en los ritmos cotidianos de tu cultura poco a poco. Y ármate de paciencia: la ausencia de ritmos vitales te afectará sobre todo a ti. Tu hijo tiene que comer a determinadas horas para ponerse de acuerdo con los demás y poder convivir, pero él no lo va a sentir como una necesidad interna.

Evita los *círculos viciosos:* problemas de alimentación – atención por tu parte – problemas de alimentación. Este tipo de dinámicas empiezan a funcionar desde que son pequeños y hay que evitar su propagación. Un ejemplo: el bebé se niega a comer, volviendo la cabeza, rechazando el biberón o la cuchara, escupiendo o vomitando… Entonces, tú insistes forzándolo, poniéndote nervioso y mostrando síntomas de preocupación seria. Él ha conseguido tu atención (y recuerda que eso es lo más importante para un bebé) y hace gestos ostensibles de no querer comer para conseguir más atención. El círculo se consolida en unas cuantas sesiones. Para romper este tipo de dinámicas, hay que responder a la actitud del niño con una reacción que no la refuerce. En este caso, hay muchas posibilidades: que vea a otros niños comer y recibir atención por eso; esperar a que tenga hambre si consigues no preocuparte (o, al menos, no aparentarlo); ir al pediatra si estás preocupado (sin que eso suponga más mimos para el bebé).

No te inquietes por la cantidad. Confía en su autorregulación: él va a comer lo que el cuerpo le pida, y eso le permitirá estar sano. Cuando notes cambios en su cantidad de alimentación habitual piensa que ante cualquier acontecimiento (enfermedad, ingreso en la guardería, etcétera) el apetito se modifica de forma pasajera: se recuperará si eso no genera un conflicto para ti. Intenta mantener el ritmo: si no ha comido en su momento, espera a la siguiente toma o al siguiente biberón. Y trata de pensar en términos globales: calcula qué tal está comiendo en un mes, no en un día. De hecho, si te paras a analizarlo, los adultos tenemos también variaciones constantes en la cantidad de comida diaria.

> **PROFECÍA AUTOCUMPLIDA**
>
> El fenómeno de la profecía autocumplida es bien conocido en psicología: cuando estamos convencidos de que algo va a ocurrir, aumentamos la probabilidad de que ese hecho suceda.
>
> Si nos empeñamos en que somos nefastos realizando una determinada labor, perderemos seguridad y nos equivocaremos; si pensamos que nuestra pareja nos engaña, acabamos creando una tensión continua que aumenta las probabilidades de que lo haga, y si etiquetamos a nuestro hijo como gordo, es bastante posible que acabe siéndolo.
>
> Un ejemplo: los estudios muestran que los niños a los que los padres etiquetan como obesos, comen muchas veces escondiéndose de sus progenitores. Es decir: picotean más, lo cual acrecienta sus problemas de peso.

EL NIÑO SÓLO COME LO QUE LE GUSTA   3 años/4 años

En primer lugar, averigua si esto es lo que realmente ocurre o si es sólo lo que ves. Muchas veces, pensamos que el niño lleva una semana comiendo únicamente espaguetis, pero en casa de los abuelos o en el colegio el niño come de todo. Incluso en tu propia casa sin haberte dado cuenta, es posible que el niño esté picoteando pan, yogures, zumos... Si juntas todo esto, verás que está más cerca de lo que crees de una alimentación equilibrada.

Ayúdalo a que se involucre en la creación del ritmo de comidas. Hazlo participar en la preparación de platos sencillos, déjalo que ponga la mesa, llévalo al mercado contigo... Si se involucra, será él quien pida a los demás que respeten unas ciertas pautas de comida, porque entenderá que la comida hay que ingerirla después de prepararla (no seis horas más tarde), o que la previsión es importante.

Aun así, ten en cuenta que está en la etapa del «sólo-me-gusta-esto». Por muchos esfuerzos que hayas hecho, el gourmet de tres-cuatro años entra en un período de uniformidad en sus gustos. Y además, esos *caprichos* cambian continuamente: una semana odia el puré de patatas y a la siguiente lo adora. Estos vaivenes durarán hasta los seis años como mínimo: es inútil inquietarse. Los niños tienen menos necesidad de variar sus placeres que los adultos: pueden querer que les leamos cada noche el mismo cuento, les apetece la misma película veinte veces y... pueden comer pasta todos los días. Tiéntalo a probar otras cosas para que se vaya acostumbrando a los sabores de su cultura gastronómica, pero no lo fuerces («pruébalo, y si no te gusta, me lo como yo»). Busca alternativas para la posible falta de proteínas o vitaminas: frutos secos, zumos, ensaladas especiales para él... Y, sobre todo, recuerda que debes enseñarle a disfrutar siendo tú una persona hedónica (piensa en lo que se ha dicho en el capítulo uno sobre el lado cigarra del ser humano). Tus gestos de placer y disfrute gastronómicos serán su principal introducción a la idea de que la comida es hedonismo.

No hables continuamente de la comida: la alimentación tiene que fluir como parte de la vida. En las familias de jóvenes que tienen trastornos de alimentación se habla continuamente de la comida: se pregunta al joven qué ha comido a mediodía y qué piensa comer por la noche, se da vueltas a qué se va a cocinar al día siguiente, etcétera. Y esto ocurre desde que el niño es un bebé. Recuerda: en esta edad, tu hijo ya empieza a escucharte, así que no hables como si la comida fuera un problema, o como si fuera el centro del universo. Enséñale a comer para vivir, no a vivir para comer.

Pero eso sí: piensa que es el momento ideal para empezar a establecer límites. Un buen ejercicio para ayudar al niño a endoculturizarse es empezar con las *chuches*. En esta edad se puede, perfectamente, establecer una norma clara respecto a ellas. Cuéntale, con su lenguaje, cuál es la razón por la que no se puede atiborrar de ellas o por qué no pueden ser un sustituto de otras comidas. Para eso, busca una frase clara, concisa y que a él le concierna (por ejemplo, «si comes muchas *chucherías* te dolerá la barriga»).

Una vez que te hayas asegurado de que lo ha entendido, repite esa frase en cada ocasión que surja el tema. No cambies el argumento y, si compartes la educación del niño con alguien, ponte de acuerdo con esa persona para educar al unísono. Recuerda que el niño sólo interioriza los ritmos cuando encuentra coherencia en los adultos: si hay divergencias, disimulará delante de ti, pero aprovechará cualquier descuido para romperlos. El objetivo es que lleve dentro los ritmos, no que tengamos que hacer de policías para que los cumpla.

Aprovéchate **de los amigos que comen lo que él no come**. A estas alturas ya sabrás que los niños *están en red*: si los demás hacen una cosa, es mucho más fácil que tu hijo la haga. Ya está en la edad en que le resulta más fácil aprender de los iguales que de ti. Utiliza eso para introducirlo en placeres gastronómicos: si la sugerencia viene de ti, creerá que es una idea de mayores. Si viene de sus amigos, pensará que es algo que han inventado ellos. Así que busca amigos que lo inciten a comer lo que necesita.

DOBLE VÍNCULO

Un padre o una madre advierten a su hijo de que está demasiado obeso, pero, a la vez, le dicen: «¿Te comerás dos o tres platos de este estofado que me ha quedado tan rico, verdad que sí, cariño?». Y si ven que el niño no lo tiene muy claro, ponen cara de decepción. Si el hijo cede ante el *chantaje emocional* y se sirve más de lo que le habría gustado comer, le recuerdan: «Tienes que empezar pronto a adelgazar si no quieres ponerte como un tonel». Esto es lo que los psicólogos llamamos *comunicación de doble vínculo*.

Sometemos a nuestro hijo al doble vínculo cuando, involuntariamente, le hacemos sentir que haga lo haga nos va a decepcionar. Eso genera en él sensación de indefensión, y el niño puede acabar sintiendo que tiene un problema (la obesidad) del que no puede escapar de ninguna forma.

> Por eso es esencial cuidar la comunicación que establecemos con nuestros hijos en el tema de la comida. ¿Cuál es tu objetivo? ¿Quieres que tu hijo tenga un peso sano, o es más importante, en ese momento, que haga un homenaje a tu comida? ¿Es muy relevante para ti que esté gordo como su padre o te puedes sentir orgulloso de él aunque tenga un peso normal? Decídelo de antemano y actúa en consecuencia transmitiendo información clara. Recuerda que, en este tema, tú eres el anfitrión que instruye a tu hijo en las normas culturales. Si él no las percibe de forma clara, no podrá interiorizarlas y convertirlas en hábitos. Tendrá que estar pensando continuamente en qué es lo correcto, y eso le quitará el apetito.

EL NIÑO TIENE TENDENCIA A LA OBESIDAD   4 años/6 años

Piensa siempre que tu hijo tiene *tendencia a la obesidad*, no que es obeso. No etiquetes prematuramente a tu niño: en cuanto lo hagas, será más difícil ayudarlo a controlar su peso (es lo que llamamos *profecía autocumplida*). Acostúmbrate a manejar el lenguaje delante de él de forma que siempre se hable de procesos que se pueden modificar («Últimamente estás más gordito, nos va a tocar vigilar el tema») y nunca lo califiques de forma permanente («Mi hijo va a ser gordo como su padre»).

En primer lugar: cuidado con las *comidas afectuosas*. Boris Cyrulnik, un reputado especialista, llamaba así a esa tendencia a alimentar excesivamente al niño como forma de expresión de cariño. La comida es, en efecto, la primera forma de diálogo entre padres e hijos. Pero eso no quiere decir que tenga que ser siempre la única. Algunos padres, llenos de buenas intenciones, tienden a ser espléndidos y generosos, e insisten en volver a dar más comida a su pequeño una y otra vez, como si, por una extraña alquimia del corazón, llenar más la panza de su prole fuera equivalente a darles más amor. Ejemplos prototípicos son la madre que casi obliga al niño a mamar cada vez que llora, y el padre que no sabe qué hacer con su hijo y lo lleva a un restaurante de comida rápida para tenerlo contento y entretenido. Recuerda que alimentar el cuerpo no es lo mismo que alimentar el espíritu, y piensa en qué medida lo estás *ayudando*, involuntariamente, a engordar.

Si el niño tiene un hambre canina puntual, consulta su agenda. Una mudanza o una pérdida emocionalmente difícil pueden explicar que el niño se ponga a devorar por ansiedad. Es algo que también nos ocurre a los adultos: la comida refleja un malestar. En ese caso, la mejor ayuda es que lo ayudes a elaborar, poco a poco, esa pérdida y a controlar su ansiedad. Céntrate en explorar el problema; no el síntoma.

Si el niño tiene predisposición genética a engordar, ayúdalo a entender los problemas que eso le puede acarrear y cómo controlarlo. El período entre los cuatro y los seis años es un momento crítico en lo referente al peso: si uno de los progenitores es propenso al exceso de peso, el riesgo de que el niño tenga esa propensión es mayor. Pero recuerda: lo que el niño hereda es sólo una tendencia. Haciendo entender al niño los problemas que eso puede acarrearle («Es mejor que no estés gordo, porque así te cansas menos») y dotándole de recursos para evitarlo («¿Qué te parece si tú y yo dejamos el chocolate un tiempo y vemos si adelgazamos?»), lo estaremos educando para controlar esa propensión. En casi todos los casos, basta con ayudarlo a respetar unas cuantas reglas: comer un poco de todo, desayunar mucho, suprimir el picoteo entre comidas...

En todo caso, ayúdalo a establecer hábitos. La mayor parte de los niños obesos no comen ni más ni menos que sus compañeros. Eso sí: comen peor y hacen menos ejercicio. Resultado: los *ingresos* son superiores a los *gastos*, y el superávit se refleja en michelines. Un ejemplo: hay estudios que encuentran correlación entre la tendencia a la obesidad y el número de horas que los niños pasan delante de la televisión. La causa es obvia: mientras ve la televisión no está haciendo ejercicio y, además, suele estar picoteando. Y éste es sólo un ejemplo... Ayúdalo a que, de forma sutil y gradual, vaya estableciendo ritmos alimentarios sanos: enséñale a fluir en sus patrones culturales. No intentes hacerlo en un día: no es cuestión de que te enfades y ese día te empeñes en que el niño interiorice todos los hábitos que necesita. Hazlo poco a poco, teniendo en mente cuál es tu objetivo final y acercándote a él día a día.

Y, sobre todo: consulta al pediatra. Ya lo hemos dicho: ésta es una frase muy repetida y muy poco utilizada. En este asunto hay siempre muchas *opiniones autorizadas* que nunca son las de los médicos. Por eso es importante que recuerdes que en este tema, más que en ningún otro, la única opinión sana es la de un experto en nutrición. Los demás os van a dar opiniones sobre lo que fue adaptativo para ellos y para sus hijos en sus circunstancias. Pero en el tema de la alimentación, cada persona es un mundo (porque cada metabolismo es diferente) y cada época es distinta (porque las necesidades básicas se cubren de distinta manera). Los tiempos están cambiando continuamente, y tu hijo es la primera vez que existe, así que… consulta a tu pediatra.

LA CULTURA DE LA ANOREXIA

Una de las noticias que fueron más controvertidas en la Alemania del año 2004 fue la creación de un restaurante para personas anoréxicas.

Katja Eichbaum, la fundadora, dijo que había abierto el restaurante (que se llama Sehnsucht, algo así como «ansiedad», «nostalgia») porque padeció la enfermedad durante quince años y se dio cuenta de que parte del problema que sufren los anoréxicos tiene que ver con su incapacidad para disfrutar de la comida. Esta falta de hedonismo, que se aprecia en la persona y en su entorno familiar, hace que la comida se convierta en una obligación. Y por eso Katja pensó que sería una buena idea abrir un restaurante en el que los individuos que padecen anorexia pudieran divertirse comiendo. Por eso, puso a sus platos nombres que no tuvieran nada que ver con los ingredientes que contenían. Básicamente, buscaba algo que ya hemos comentado: que se pueda comer… sin hablar de comida.

El Hallo («hola», en alemán), por ejemplo, es en realidad un manjar a base de langosta. El Heisshunger («hambre caliente») lleva cordero. El Seele (o sea, «alma») es un postre de crema de *cappuccino*. La idea del restaurante es recuperar el hedonismo, la capacidad de entretener que tiene la comida. Para Katja, esa falta de hedonismo hace que las personas que padecen anorexia eviten salir con amigos a comer o a cenar en un restaurante. Pero si se recupera ese potencial de disfrute, estos individuos estarán en el camino de la curación.

Katja afirma que nuestra sociedad camina hacia una forma anoréxica de entender la alimentación: se habla mucho de calorías e hidratos de carbono, pero poco de placer gastronómico y goce sensual de los alimentos. Algo de razón debe de tener, aunque sólo sea porque su restaurante para anoréxicos es una realidad… y la anorexia también.

5

Mi hijo tiene dificultades con el sueño
Cómo educar para dormir

EN LUCHA CONTRA EL TIEMPO

Educar a un niño nos hace, muchas veces, plantearnos automatismos que tenemos interiorizados, pero sobre los que nunca hemos llegado a reflexionar. La *tiranía* del reloj es uno de estos fenómenos que asumimos sin pensar y que nuestros hijos nos invitan a analizar con sus preguntas: «¿Por qué tengo que irme a la cama ahora que estoy divirtiéndome tanto? ¿Por qué me tengo que levantar tan pronto por la mañana?».

Las preguntas de nuestros hijos acerca de los ritmos vitales que impone nuestra sociedad no son tan fáciles de contestar como pudiera parecer. De hecho, tendemos a evitarlas. Y es que la cuestión no es tan obvia: uno puede imaginar, sin ningún problema, una cultura en la que cada uno durmiese en diferente horario. De hecho o normalmente, no todas las culturas tienen sentido del tiempo: la idea de atar el tiempo, de hacer de él un factor objetivo, no es tan antigua como solemos creer.

En el año 1481, los ciudadanos de Lyon pidieron a las autoridades que erigieran una torre de reloj con la esperanza de que les permitiera «llevar una vida más ordenada» y vivir así «felices y contentos». Los comerciantes e industriales de la ciudad fueron los principales abogados del cómputo exacto del tiempo. A partir de ahí, las catedrales europeas empezaron a incorporar un reloj. Y aquella torre se convirtió en un hito en el avance inexorable del tiempo en nuestra sociedad.

Pero eso ocurrió hace ya muchos años. En épocas recientes y, sobre todo, en las ciudades, el tiempo objetivo (el que miden los relojes) regula toda la existencia. Las ventajas de esa ubicuidad son las que anticiparon los ciudadanos de Lyon: podemos hacer muchas más cosas juntos a lo largo del día porque todos llevamos el mismo ritmo vital. Pero eso no es fácil de explicar a un niño...

Hacer respetar a los niños el ritmo de sueño culturalmente admitido no debe ser tarea sencilla: las que más protestaron contra esa torre de reloj en Lyon fueron las madres. Aducían que era imposible hacer que los niños durmiesen con un horario fijo.

PERO ¿DÓNDE SE HA METIDO MORFEO?

El ritmo de sueño de la cultura en la que hemos nacido, de hecho, se va interiorizando poco a poco. No es sólo cuestión de que alguien instaure una torre del reloj en la habitación de nuestros hijos. El esfuerzo que tengamos que dedicarle a este asunto dependerá de tres factores: personalidad, ambiente y circunstancias puntuales.

A Por una parte, tenemos que contar con las predisposiciones genéticas de tu hijo. Hay niños a los que les cuesta más llegar al patrón monofásico (muchas horas seguidas por la noche) tradicional de nuestra sociedad y permanecen mucho tiempo en un patrón bifásico (siesta casi tan larga como el sueño nocturno), o incluso, multifásico (tres o cuatro períodos de sueño a lo largo del día). También hay personas que, por motivos biológicos, duermen más y hay otras que duermen menos. Así que mi consejo es que no te obsesiones con la cantidad de horas que siempre mencionan los libros: es sólo una media estadística. ¿Te suena lo de las ocho horas de media en los adultos? Pues acuérdate de que Winston Churchill dormía tres horas diarias, y

Albert Einstein, once. Y a ninguno de los dos les fue excesivamente mal en la vida.

Ⓑ Por otra parte, tenemos que tener en cuenta el ambiente que habitualmente rodea al niño. Un ejemplo: en las casas pequeñas la dificultad para adquirir ritmos de sueño es mayor, debido al estrés ambiental que producen muchas personas conviviendo en un espacio pequeño. Ése es sólo uno de los muchos factores ambientales que rodean el sueño de tu hijo: la cantidad de luz, el nivel de ruidos, los olores... Todo influye para que Morfeo, el dios del sueño, decida hacer su aparición.

Ⓒ Y, por último, hay que contar con los acontecimientos puntuales. El momento que esté viviendo tu hijo afectará decisivamente a su manera de dormir. Por ejemplo, el comienzo de las clases o la pérdida de un ser querido son acontecimientos que pueden alterar los ritmos vitales, incluido el del sueño.

Simplificar las cosas y tratar de encontrar una fórmula mágica para que tu hijo duerma sólo logrará hacerte sentir culpable cuando veas que no consigues que interiorice la pauta de sueño que tú deseas en un plazo breve. Para conseguirlo de forma inmediata tendrías que controlar factores que están fuera de tu alcance. Por ejemplo: un niño introvertido suele preferir silencio total para dormir, y un niño extravertido tiende a dormir mejor con algún sonido (por ejemplo, alguna música relajante). Pero cuando el niño introvertido está pasando una etapa difícil, puede necesitar algún tipo de sonido tranquilizador, que tú, seguramente, ya te has preocupado de eliminar porque hasta ahora le perturbaba. ¿Complicado, no?

Pues bien: no es tan complicado si nos tomamos las cosas con calma y nos hacemos a la idea de que no existen fórmulas mágicas inmediatas. Las pautas de sueño se van interiorizando poco a poco, con altibajos y a largo plazo. Adquirirlas sólo se convierte en un drama si intentamos que el milagro ocurra en el próximo mes.

> 🔍 **EL CONTENIDO DE LOS SUEÑOS**
> El contenido de los sueños de nuestros hijos será siempre materia de curiosidad. Es el único momento en que escapan a nuestro control, ya que, como decía Heráclito, el filósofo griego: «En estado de vigilia el mundo es uno y común, pero cuando se cae en el sueño, cada uno se dirige al suyo propio». Por eso, cuando aparecen investigaciones que nos revelan algo acerca de la temática del sueño infantil, siempre nos resultan fascinantes.
>
> Uno de los últimos estudios acerca de este asunto lo publicó la Universidad de Mannheim en marzo de 2005. Los investigadores estaban interesados en cómo se traducen las diferencias de género en el contenido de los sueños infantiles. Las conclusiones fueron muy curiosas. Según el estudio, hecho con más de seiscientos niños, «desde temprana edad los sueños de las niñas contienen emociones más explícitas relacionadas con lo familiar y muestran una presencia más alta de lugares interiores, de objetos de la casa y de referencias a la ropa». Sin embargo, los sueños masculinos, «se caracterizan por la agresión física y las armas. También emergen coches, carreteras, herramientas. Los escenarios se ubican en exteriores y son desconocidos». Respecto a los temas, los niños se cruzan con monstruos y animales grandes, mientras que las niñas se topan con seres humanos y animales pequeños.

VAMOS A VERLO DORMIR. SITUACIONES COTIDIANAS EVOLUTIVAS

Uno de los mayores placeres que vas a tener es verlo dormir. Acercarte a la habitación y mirar cómo tu hijo disfruta del sueño es una de las sensaciones más pacificadoras que existen. Pero para llegar a ella, hay que recorrer un largo camino. En la adquisición de pautas de sueño intervienen factores que ya conocemos (tu capacidad de ayudarlo a afrontar sus miedos, sus ritmos alimentarios, el hecho de que haya descargado energía jugando a lo largo del día) y otros que enseguida vamos a analizar.

Si sigues estos consejos, el niño irá adquiriendo la pauta de sueño que tú crees sana poco a poco, de forma gradual. Para eso necesita coherencia. Fíjate objetivos sensatos y realistas, y piensa cómo se concretarían (cuánto dormiría el niño si los cumpliera, entre qué intervalos horarios se acostaría y se levantaría, a qué edad empezaría a dormir solo). Decide, también, cuántas veces por semana harías una excepción. Y una vez que tengas esto pensado, pon esa pauta en práctica.

Como siempre, cada situación con la que nos encontremos se entiende como una oportunidad más de conseguir el objetivo (en este caso, que tu hijo duerma bien) en función de la edad que tiene el niño y de su nivel de desarrollo. Si a determinada edad y en determinada situación no lo consigues y te sorprendes a ti mismo boicoteando tus propias decisiones, párate a pensar cuál puede ser la razón: ¿te cuesta comunicarte con tu hijo y no puedes explicarle la necesidad de dormir bien? ¿Acumulas cansancio por culpa de tu trabajo? ¿Le consientes esta situación porque te sientes culpable por otras cuestiones? En ciertos momentos de las relaciones con nuestros hijos, éstos son problemas normales y pasajeros. Pero si te sientes desbordado por cuestiones como éstas, ajenas a Morfeo, es mejor que consultes al psicólogo. Así tu hijo y tú podréis seguir durmiendo tranquilos.

Vamos a ver algunas situaciones.

EL BEBÉ NO HA ASIMILADO MIS PAUTAS DE SUEÑO 0 años / 1 año

Claro que no, ¿y qué esperabas? En *El mundo y sus demonios*, el último libro que escribió Carl Sagan y en el que trataba de explorar algunos males que aquejan a la cultura contemporánea, el autor nos recordaba que «algunas de las costumbres de nuestro tiempo parecerán sin duda bárbaras a las generaciones venideras; tal vez una de ellas sea la insistencia en que los niños pequeños (incluso los bebés) duerman solos en vez de dormir con sus padres». Nuestras pautas de sueño son completamente artificiales: no siempre se ha dormido así. Y, por supuesto, tu hijo no viene programado para ellas. De hecho, es bastante probable que esté predispuesto biológicamente a ritmos muy distintos. Si te crees aquello de que todos los bebés pueden adquirir totalmente nuestras pautas de sueño en los primeros meses de vida vas a acabar sintiéndote muy culpable por no haber conseguido algo que, en realidad, casi nadie consigue. Ni falta que hace.

Toma una decisión sobre la estrategia que vas a utilizar para ayudarlo a adquirir pautas de sueño y plantéate un objetivo a medio plazo. Vas a escuchar y leer muchos métodos, algunos basados en la coherencia de la norma, otros fundamentados en la importancia del cariño. Elige una estrategia en función de lo que sabes de tu hijo (recuerda: no hay ningún método mágico). Después, escoge un objetivo que te parezca razonable e intenta ser coherente con ese método durante unos meses. Si ves que tu bebé va adquiriendo, poco a poco, ritmos de sueño, estás en el buen camino. Ten paciencia: no hay ningún método que pueda conseguir que tu hijo interiorice unas pautas de sueño artificiales en un mes.

Ayúdalo a encontrar un *agarradero* para entrar en el mundo de Morfeo. Para dormir, los bebés necesitan tocar algo que les permita mantener contacto con el mundo de la vigilia. Deja que se agarre a tu dedo, o búscale una almohada o un muñeco que le guste. Intenta que se aficione a algo que pueda estar ahí de forma casi permanente, porque eso le creará un ritual.

🔍 EL MITO DEL BELLO DURMIENTE

Uno de los mitos más persistentes en los seres humanos es la idea de que la mente puede ejercer un total control sobre la materia. A lo largo de nuestra historia cultural, esta falacia ha sido sugerida o defendida explícitamente en religiones, escuelas de pensamiento, movimientos esotéricos, etcétera. Y el resultado siempre es el mismo: muchísimas personas se lo creen y acaban sintiéndose culpables porque no son capaces de controlarlo todo.

La escritora Susan Sontag cuenta en su libro *La enfermedad y sus metáforas* una de las formas que ha tomado esa idea en el último siglo. Según algunas personas, la mayoría de las enfermedades no son más que una manifestación de los problemas del espíritu. La escritora, que padeció cáncer, explica en el libro la frustración que sintió al ver que no podía «Curarse explorando en el interior de su mente», que era lo que otras personas le decían que tenía que hacer.

Años después, en los años ochenta del siglo pasado, cuando se estaba en plena moda del parto sin dolor por medios naturales, una encuesta hablaba del sentimiento de culpabilidad de muchas mujeres que no habían conseguido prescindir de los anestésicos tradicionales.

Hoy en día, existe una nueva versión de ese mito: la idea de que los bebés pueden dormir como nosotros queremos si utilizamos *métodos psicológicos*. El doctor Carlos González rebate esa idea en su libro *Bésame mucho*. Para ello, analiza el único experimento que podría sustentarla, realizado por T. F. Anders en 1979. El autor filmó durante toda la noche a dos grupos de niños, de dos y nueve meses de edad, para ver si, según su criterio, «dormían toda la noche». Y observó que lo hacían el 44 por ciento de los bebés de dos meses y el 78 por ciento de los de nueve.

Pero las cifras dependen, obviamente, de qué signifique para el investigador «dormir toda la noche». Lo que hoy en día nos venden los métodos mágicos es que nuestro bebé va a dormir de un tirón entre diez y once horas seguidas. Pues bien, utilizando ese criterio sólo el 6 por ciento de los bebés de dos meses y el 16 por ciento de los de nueve meses del experimento de Anders «dormían toda la noche». Y eso que en la época del experimento era corriente la alimentación con biberón y que los niños durmieran en cuna aparte...

Lo que proponen ciertos métodos es imponer durante el primer año, con *métodos psicológicos*, unas pautas de sueño a los bebés que van en contra de la naturaleza de la mayoría de ellos. Y, de hecho, casi nunca lo consiguen: hay razones fisiológicas que lo impiden. La mente no domina completamente la materia y, por eso mismo, los métodos psicológicos no pueden siempre con la biología.

EL NIÑO TIENE MIEDO A LA OSCURIDAD 18 meses/3 años

En la etapa que está atravesando, este miedo es adaptativo. El miedo a la noche es un miedo que viene ya de nuestros antepasados: a medida que se va haciendo adulto, tu hijo depende más de la vista para sentirse seguro. Cree que los espacios vacíos en los que no se ve nada (debajo de la cama, en el armario), los pasillos y los espacios abiertos y sin techo son más peligrosos cuando no hay luz. Recuerda: en otra época lo eran.

Es un miedo visceral, así que no intentes razonar con él. El miedo a ser devorado por un depredador forma parte de nuestro equipaje biológico. Está tan arraigado que, de hecho, tú juegas a veces con tu hijo a que eres un animal que se lo quiere comer. Es un temor ancestral y, por lo tanto, no es racional: no está asociado a ninguna experiencia negativa y no se puede acabar con él únicamente razonando. Acompaña tus argumentos con una comunicación no verbal (gestos, miradas, acercamientos) que le dé sensación de seguridad y normalidad.

Déjale que te hable del miedo. Recuerda lo que se ha comentado en el capítulo 3 acerca del riesgo que corremos si no podemos hablar de ciertos temas tabú. Es esencial que le permitas que se exprese (mediante palabras, dibujos, juegos). No lo obligues a hablar de ello; simplemente mantén abierto el canal de comunicación con tu hijo para cuando él quiera utilizarlo. Cuando empiece a expresar sus angustias, no te rías de ellas y no lo interrumpas para racionalizar aquello que para ti son tonterías («Pero ¡no habíamos hablado ya de que los fantasmas no existen! ¡Te lo he dicho un millón de veces!»). Escúchalo con atención de forma activa (preguntando, resumiendo lo que te ha dicho para ver si lo has entendido bien, asombrándote ante sus nuevos descubrimientos). Cuando tu hijo siente que puede correr peligro, lo que más le tranquiliza es tu empatía, es decir, tu capacidad de ponerte en su lugar y entender su miedo. Con eso sentirá que ya ha dado *la voz de alarma* y que puede dormir tranquilo porque tú te vas a encargar de todo.

Trata de cambiar su estado de ánimo. Tu hijo se siente nervioso, desasosegado, inquieto… Tiene miedo, y eso es lo importante. Si ha tenido una pesadilla o ha sufrido terrores nocturnos no servirá de nada tratar de analizar su contenido. Lo que necesita es que te rías con él (no de él), que le hagas sentirse seguro hablándole de cosas que le dan paz o que le hagas sentir ira contra *los malos* que no le dejan dormir. Es un paso muy importante si, después de una conversación con él, consigues ayudarlo a cambiar el estado de ánimo.

Ayúdalo a encontrar trucos que le hagan sentirse seguro, pero no cambies los ritmos de sueño habituales. Al miedo no se responde con más miedo: si cambias todas las rutinas de sueño, tu hijo sentirá que pasa algo grave. No lo lleves a tu cama si ya dormía solo y no lo dejes dormir con la luz encendida si ya la apagaba. Lo que más lo ayuda es la sensación de normalidad (por eso, es mejor que no alteres las pautas de sueño), combinada con algún truco que le permita tener sensación de control. Por ejemplo, un muñeco espantamiedos, una columna de luz, una llave para la puerta del armario… En la literatura infantil actual encontrarás ideas, ya que ahora existen colecciones enteras de cuentos sobre las dificultades para conciliar el sueño y el miedo a los monstruos. Y cierto tipo de películas te enseñará a utilizar el mejor recurso para espantar miedos nocturnos: el sentido del humor. No lo dejes ir a dormir con miedo. Cámbialo por risas, y que eso sea lo último que se lleve al territorio de Morfeo.

PESADILLAS Y TERRORES NOCTURNOS

La función que desempeñan los sueños, la razón por las que ciertas imágenes acuden a nuestra mente mientras estamos durmiendo, sigue siendo uno de los grandes misterios de la mente humana. Y mientras no tengamos claras esas funciones, no sabremos las razones que hacen que nuestros hijos deban enfrentarse a dos fenómenos nocturnos desasosegantes: las pesadillas y los terrores nocturnos.

Los terrores nocturnos son sueños inquietantes de los que el niño se despierta sin saber dónde está, sin reconocer a nadie, como en otro mundo… Habitualmente se vuelve a dormir y a la mañana siguiente no recuerda nada. Las pesadillas, sin embargo, sí las recuerda. Además, la sensación de desconcierto que le producen no dura más que unos segundos.

Según los investigadores del mundo de Morfeo, los terrores nocturnos son la concreción de los miedos más difusos, es decir, los miedos a sensaciones extrañas y malsanas. Por eso, poco a poco, desaparecen de la vida de nuestros hijos a medida que van creciendo y poniéndole nombre a las cosas. Se quedan, eso sí, con las pesadillas, porque hay asuntos que aunque tengan una etiqueta siguen dando miedo.

De hecho, un reciente estudio de la Universidad de Arizona llegaba a la conclusión de que las pesadillas son constantes en los adultos: ocurren dos veces más de lo que creemos. La media, según esta investigación, sería de veinticuatro pesadillas al año. Lo que ocurre es que no se suelen recordar.

Y esto quizá sea útil. Tal vez la tendencia a acordarse de los miedos nocturnos tenga algo que ver con el desasosiego interior. La misma investigación señalaba que los niños que están ansiosos tienen la misma cantidad de pesadillas que aquellos que no lo están, pero recuerdan muchas más. Parece que, cuando están intranquilos, les cuesta salir de ese mundo inquietante.

EL NIÑO EMPIEZA A DORMIR SOLO   3 años/6 años

Recuerda que, si el niño dice que tiene miedo, no hace teatro ni finge: real-mente tiene dificultades para quedarse dormido. Es verdad que, cuando dejas de reforzar un comportamiento de tu hijo, la conducta acabará por no producirse. Pero eso no quiere decir que, en un principio, el comportamiento no fuera espontáneo.

Establece *rituales* para acostarle. En esta edad, el universo mágico forma parte aún de su funcionamiento psíquico. La realidad extraña se mezcla con su realidad interior, plagada de genios y hadas que tienen poderes y pueden dirigir a los humanos. Los rituales ayudan a devolverle sensación de control: un baño antes de dormir, unas palabras-*mantra* (frases que se repiten todos los días a la misma hora) susurradas al oído o el buenas noches a su mascota tienen virtudes tranquilizadoras.

Recuerda que el miedo a quedarse dormido es diferente al miedo a la oscuridad. La luz encendida y la puerta entreabierta no servirán: necesita seguridad durante el sueño, y ésta sólo la puede obtener de sí mismo, aunque te la esté demandando a ti. Acompáñalo al principio: que sepa que estás ahí y lo sigues, pero de lejos. Explícale que ese miedo lo va a afrontar él solo.

En cuanto tenga sueño, llévalo a la cama. Cuando veas los primeros síntomas de sueño (bostezos, parpadeos excesivos, carácter mohíno), acompáñalo a la cama. Él intentará postergar el momento, pero esa misma táctica realimenta el problema, porque se acabará metiendo en la cama cuando el sueño ya ha pasado, y eso acrecentará el insomnio. La regularidad es muy importante para convertir el sueño en un hábito: ayúdalo a que relacione estar en la cama con dormirse. Ponte una regla sobre cuántas veces a la semana te saltarás el hábito (¿una?, ¿dos?) y respétala.

No lo castigues nunca mandándolo a la cama. Si haces eso, establecerá la relación cama-aburrimiento en vez de la relación cama-sueño. Además, acrecientas la idea de que la cama es el lugar al que va solo, sin ti. Al contrario, ve con él, y si ves que no se encuentra muy sosegado, ayúdalo a tranquilizarse. Tócalo, acarícialo, dale la mano... El sentido del tacto es esencial para luchar contra los miedos nocturnos.

Y sobre todo: ayúdalo a entender lo que está pasando. Tu hijo tiene que comprender dos cosas: que sabes que es difícil aprender a dormir solo y que el aprendizaje merece la pena porque así todos seréis más felices. Explícaselo en su lenguaje.

MIEDO A LA NOCHE

El viajero alemán Nemeitz publicaba en 1718 un libro sobre París con «Instrucciones fieles para los viajeros de condición». En él nos habla de ese miedo a la noche que ha existido en todas las culturas y en todos los lugares y en todas las edades:

«No aconsejo a nadie que ande por la ciudad en medio de la negra noche. Porque aunque la ronda o la guardia a caballo patrulle por todo París para impedir los desórdenes, hay cosas que no ve... Por tanto, vale más no detenerse demasiado en ninguna parte y retirarse a casa a buena hora.»

El miedo a la noche es parte de la condición humana. Aparecidos, tempestades, lobos y maleficios tienen frecuentemente a la noche por cómplice. Es el lugar por excelencia en que los enemigos del hombre tramaban su pérdida, tanto en lo físico como en lo moral. De hecho, el temor a ver desaparecer el sol para siempre en el horizonte ha angustiado a la humanidad en muchas épocas.

Por la noche, los niños se sienten indefensos. Tienen la sensación de que los acontecimientos escapan a su control, y al nuestro. Y hay una razón objetiva para ello: la vista del hombre es menos aguda que la de muchos animales, y por eso las tinieblas nos dejan más desamparados que a muchos mamíferos. Nuestras habilidades, en la oscuridad, quedan reducidas al mínimo.

Esos peligros objetivos de la noche hacen que tu hijo acabe poblándola de peligros subjetivos. Y de este modo, pasa del *miedo en la oscuridad* al *miedo a la oscuridad*. Además, la noche es propicia para la confusión entre lo real y lo imaginario. En la oscuridad se confunde con facilidad lo real y la ficción. Para el niño, el miedo procede en muchas ocasiones de la confusión de cosas que nuestra cultura nos enseña que están separadas: lo vivo y lo muerto; lo real y lo imaginario; lo que siente y lo que no siente. Tu tarea es ayudarlo a sentirse seguro en este ámbito, es decir, ayudarlo otra vez a viajar en dirección de su miedo.

EL TACTO

Elke Riesterer es una mujer con una profesión curiosa: es masajista... de elefantes.

Los elefantes de la India tienen unas pésimas condiciones de vida. Son utilizados por empresas madereras en la selva, como empleados de la construcción en las ciudades y para entretener a los invitados en celebraciones y bodas. Además, cada año cientos de ellos son heridos en accidentes por coches y motos en las caóticas calles de las ciudades. Los elefantes están estresados y duermen muy mal.

Elke intenta ayudarlos a sentirse mejor. Y utiliza para ello la forma más apropiada de comunicación con los paquidermos que conoce: les hace masajes. Según Elke, aunque los elefantes tienen una piel muy gruesa, son increíblemente sensibles al tacto. El método que utiliza es la Terapia de Tacto Welington. Fue creada para calmar a caballos estresados, pero ella la ha aplicado a rinocerontes, serpientes, delfines y jirafas. Según Elke, con los elefantes las cosas funcionan aún mejor.

La táctil es probablemente la forma de comunicación más básica y primitiva del ser humano. En realidad, la sensibilidad táctil es el primer proceso sensorial que entra en funcionamiento: es la forma en que los padres se comunican con los bebés recién nacidos.

A partir de la infancia, el tacto se convierte en una forma de comunicación absolutamente regulada. No nos damos cuenta de la cantidad de normas que dictan nuestra manera de tocar porque son inconscientes: no sabemos que las tenemos, pero, sin querer, las respetamos. Por ejemplo: usamos más la comunicación táctil en las despedidas que en los recibimientos, pero no somos conscientes de que respetamos esa norma. Esta estricta regulación hace que al final nos cueste mucho ser espontáneos tocando. Y es una pena, porque el tacto es una de las comunicaciones que más necesitan nuestros hijos para dormir bien.

ADULTESCENTES

Se dice que una de las palabras con más futuro en la industria cinematográfica es a*dultescente*. El vocablo en cuestión es una traducción de otro vocablo no menos difícil de pronunciar: kidult. Por eso conviene entender el segundo para comprender el primero...

Kidult es una contracción de dos términos del inglés: *kid* es decir, «niño», y *adult*, o sea, «adulto». Y esta palabra, *kidult*, se empezó a utilizar precisamente para designar al posible público de cierto tipo de películas: niños y adultos a la vez. O sea, que lo que ha descubierto la industria cinematográfica es que se pueden hacer películas que quieran ver los niños y también los adultos. *Shrek*, *Lilo y Stitch*, *Buscando a Nemo* y *Harry Potter* serían, si lo miramos desde esta perspectiva, cine adultescente.

La novedad cultural que plantea este tipo de cine es la idea de que los niños pueden asimilar historias que traten cualquier tema (la muerte, el sexo, el miedo) mientras éstas tengan una narrativa que a ellos no los deje perplejos. Es decir, que si se encuentra una historia que sea sencilla de entender para los niños y, a la vez, tenga detalles de complejidad para adultos, ambos grupos de población acudirán al cine y saldrán contentos.

El tono humorístico, que es la estrategia que han elegido los productores para acercar estos temas a los niños de modo que ellos puedan asimilarlos, nos enseña mucho sobre cómo evitar que estos asuntos aparezcan en las pesadillas de nuestros hijos. De hecho, uno de los hitos de este género adultescente (*Pesadilla antes de Navidad*) nombra el fenómeno en su título, para luego, en su desarrollo, dedicarse a hacer chistes con vampiros, muertos y demás pobladores de las noches de nuestros hijos. En otro de los clásicos (*Monstruos S.A.*) se encuentra una solución directa para que los niños puedan continuar durmiendo y los protagonistas no se queden en el paro: cambiar los gritos por las risas, el miedo por el sentido del humor. Ésta es una estupenda estrategia.

6

Mi hijo está aprendiendo
Cómo educar mientras establecemos límites

LOS TIEMPOS ESTÁN CAMBIANDO
Vamos a empezar el capítulo con una cita de alguien acerca de cómo están las cosas. El autor, un filósofo muy renombrado, analiza así la infancia que tiene que educar: «Los niños de hoy aman el lujo. Tienen manías y desprecian la autoridad. Responden a sus padres, tienen malas costumbres y tiranizan a sus maestros».

Así pues, según este pensador, asistimos a un fenómeno nuevo: la niñez ya no es lo que era. Se han perdido muchos valores: cuando él era joven, se luchaba por conseguir objetivos e ideales. Los niños de su generación tenían que esforzarse y, por eso, no estaban mimados. Sin embargo, él cree que ahora es diferente. Lo tienen todo y se quedan con lo fácil: consumir, buscar caprichos, disfrutar…

Lo peor, para nuestro protagonista, es que los niños de hoy creen saberlo todo. No tienen en cuenta que sus padres tienen más experiencia en la vida y saben más que ellos. Piensan que sus manías son más importantes que las cosas que lo son realmente. Y en eso también se diferencian de los niños de la generación de nuestro protagonista. Porque él recuerda que, hasta que fue una persona adulta, respetó a sus padres y los consejos que éstos le daban.

Por último, a este hombre también le preocupa la forma en que los niños se comportan en la escuela. Él recuerda que, cuando era un muchacho, se respetaba a los maestros. De vez en cuando, se hacía alguna gamberrada, pero en el fondo todos los chavales sabían que el profesor era una figura de autoridad. Hoy en día, según nuestro protagonista, los maestros tienen más miedo a los alumnos que éstos al profesor. Ellos se han convertido en los tiranos de la clase.

¡Ah, se me olvidaba! El nombre de este filósofo es Sócrates y dijo esa frase y expuso estas ideas en el siglo V a. C. justo cuando empezaba uno de los momentos más brillantes de la cultura griega clásica. Los niños de los que él hablaba así se convirtieron en algunos de los filósofos, artistas y literatos más famosos de la historia.

SÍNDROME DE ROMEO Y JULIETA

Érase una vez un pez que de cintura para arriba era pájaro, y que estaba enamorado de una pájara que de cintura para arriba era pez. Así que el Pez-Pájaro le decía a la Pájara-Pez: «Oh, ¿por qué nos crearon de forma tal que nunca podamos vivir juntos? Tú en el viento, y yo en la ola. ¡Qué lástima para ambos! Y la Pájara-Pez contestó: «No, qué suerte para ambos. De esta forma siempre estaremos enamorados porque siempre estaremos separados».

Este pequeño relato del escritor griego Vassilikos expresa con brevedad el Síndrome de Romeo y Julieta, es decir, el atractivo que tiene aquello que nos ha sido prohibido.

Stanley Schachter y Jerome Singer son autores de una teoría que explica este fenómeno. Los sentimientos, según ellos, son un estado de activación fisiológica (por ejemplo, palpitaciones cardíacas, sudoración, activación general) que nosotros interpretamos y etiquetamos como una determinada emoción. Por ejemplo, nuestro hijo interpretará la aceleración del ritmo cardíaco como un síntoma fisiológico si acaba de hacer deporte. Pero si el niño nota esos latidos después de enfadarse con nosotros, pensará que la activación la ha producido la tensión.

> Dicho de otra manera: tu hijo nota síntomas y después mira hacia el exterior para ver qué es lo que ha producido esos síntomas. Ahora imagina la siguiente escena: tu hijo está delante de algo que tú le has prohibido. El miedo le acelera el corazón, le activa el sistema nervioso y le paraliza la digestión. Es decir: le hace sentir lo mismo que siente cuando algo le gusta mucho. Mira a su alrededor y ve… aquello que tú le has prohibido. Será fácil que etiquete como atracción hacia ese objeto lo que únicamente es ansiedad, y eso haga que lo que tú has querido prohibirle le guste más. Por eso es importante que desmitifiques aquello que quieres que tu hijo deje de hacer: no hables de ello como si fuera algo extraordinario, aunque negativo. Convéncelo de que es algo que no merece la pena y dale alternativas que sí llamen su atención…, y le produzcan activación fisiológica.

TODOS LOS HOMBRES SON IGUALES

Generación tras generación, la humanidad ha ido repitiendo una serie de ideas. Una es que todas las personas maduras de la historia de la humanidad han creído que habían sido niños diferentes. Todos los que somos mayores creemos que los tiempos han cambiado y que, cuando éramos niños, no actuábamos de la forma que se actúa ahora. Los motivos que esgrimimos para sentirnos así son siempre los mismos: la infancia de nuestra generación tenía más valores, luchaba por unos ideales, era menos consumista, tenía más respeto a la experiencia, practicaba hábitos más saludables y se divertía de una forma menos peligrosa.

Siempre hemos dicho lo mismo –y lo seguiremos diciendo–, por dos motivos:

A Por una parte, la memoria del ser humano no sirve sólo para recordar hechos: sirve también para construir una imagen favorable de uno mismo. Recordamos mejor aquello que encaja en la imagen que nos queremos crear de nosotros mismos, y olvidamos el resto. Así, todas las generaciones se han creado una imagen idílica de lo que fue su niñez.

B Por otra parte, los adultos que educamos a niños tenemos que hacer un cambio de registro que no es nada sencillo de conseguir. Hasta determinada edad, la educación consiste básicamente en cuidar y proteger. A partir de cierto momento, tenemos que entender que los hijos se hacen independientes.

LA DIFICULTAD DE SER LIBRE

El investigador Eric Erikson elaboró a mediados del siglo XX una teoría que trataba de explicar esta etapa. Eso sí: lo hacía desde el punto de vista de los niños. Según Erikson, la madurez del ser humano se consigue a través de la superación de una serie de crisis. En todas ellas hay dos polos, dos tendencias que coexisten dentro de la persona y la salida es encontrar el equilibrio entre esas dos necesidades. Una de estas crisis tiene que ver con el sentimiento del que hablamos. Se suele producir entre los tres y los seis años, y este investigador la denomina *crisis de iniciativa frente a culpabilidad*.

A partir de los tres o cuatro años, el niño empieza a anhelar decidir por sí mismo y llevar a cabo actividades autónomas. Por otra parte, eso le causa remordimientos: sabe que a sus padres la independencia les resultará difícil de entender.

El equilibrio entre los dos extremos es complicado: si el sentido de culpabilidad se desarrolla excesivamente, los niños tendrán demasiada tendencia a autocontrolarse y a reprimir sus iniciativas. Si es la autonomía la que tira en exceso del niño, puede convertirlo, poco a poco, en una persona asocial y egoísta.

La reacción de los padres, resulta, en esta edad, decisiva. Saben que es su responsabilidad endoculturizar al niño, enseñarle las normas de la sociedad en la que va a vivir para que la convivencia con los demás sea posible. Pero también saben que el miedo excesivo a la independencia, el temor hacia aquello que no se desarrolle bajo su tutela, puede desembocar en una excesiva sobreprotección.

HUMANISTAS Y NORMATIVOS

La forma en que nuestro hijo acepte los límites sociales dependerá de cuáles sean las normas que cree que los demás tienen que respetar y cuál sea la confianza que tenga en ellos. Sobre este tema, existen dos posturas: la humanista y la normativa.

¿Son buenas las personas? ¿Se puede confiar en el mundo? Las respuestas a estas preguntas son, por supuesto, obvias. A no ser que tengamos un día especialmente cínico, todos responderíamos que... hay de todo: buenas y malas. Pero según psicólogos como Silvan Tomkins, los seres humanos tendemos a situarnos más o menos cerca de una de las respuestas.

Hay personas que tienden a pensar que los seres humanos son básicamente malos. Él las denomina personas *normativas*. Son individuos que se identifican con este tipo de frases: «Los sentimientos tienen que estar controlados por normas», «Ver llorar a un adulto es desagradable», «Manifestar sentimientos es peligroso porque los demás pueden utilizarlos en nuestra contra», «Jugar es cosa de niños»...

En el otro extremo estarían los humanistas. Son individuos que tienden a creer que los seres humanos son básicamente buenos. Para ellos, ver llorar a un adulto produce pena, pero no rechazo. Los humanistas creen que expresar emociones ayuda al bienestar. Incluso piensan que un adulto puede permitirse jugar sin dejar de ser, por ello, una persona competente.

Según Tomkins, el que nuestro hijo se sitúe en una u otra forma de ver el mundo tiene mucho que ver con el tipo de afectividad que reciba hasta los seis años. ¿Qué hacen los padres cuando un niño llora? ¿Aceptan su sentimiento, o se oponen a él diciéndole que tiene que dejar de llorar?

Admitir los sentimientos como parte de la vida reforzará la postura humanista; rechazarlos, fomentará la postura normativa.

TRANSMITIENDO LA NORMA. SITUACIONES COTIDIANAS EVOLUTIVAS

Ayudar al niño a encontrar reglas de comportamiento no es un trabajo fácil. Tenemos que conseguir un equilibrio entre la rigidez de las normas autoritarias que el niño acata, pero no interioriza, y la dejadez que supondría aceptar que el niño carezca de normas y se convierta en una persona aislada del mundo. Por eso, nuevamente, cada situación se convertirá en un escalón más que podemos subir hasta alcanzar el objetivo. Aquí, como en los demás capítulos, el ritmo adecuado es el que pide el dicho: sin prisa, pero sin pausa.

Vamos a ver diferentes cuestiones que nos ayudarán a enfrentarnos a diversas situaciones.

EL BEBÉ EMPIEZA A HACER TRAVESURAS   0 años/18 meses

Trata de establecer límites claros desde el principio. Existen muchas clases de trastadas: las inevitables, las peligrosas, las que te resultan muy molestas... Algunas son, claramente, una provocación por parte del niño y otras se han debido a una mala interpretación de tus palabras. Incluso habrá algunas que te hagan reír. En cualquier caso, tienes que responder con referencias estables, que te servirán de parapeto y evitarán que te sientas desbordado y pierdas el control. Estos primeros meses de tu hijo son el momento ideal para establecer normas: con qué fuerza puede dar un puñetazo cuando está jugando, qué cosas no puede hacer (morder, escupir) y cuáles sí, qué significa defenderse de una agresión y qué significa atacar, etcétera.

En esta etapa, tus actos tienen que ser mensajes claros para el bebé. Él no va a entender todavía tus explicaciones, así que actúa de forma que él pueda ir aprendiendo a través de tu comunicación no verbal (gestos, mirada). Por ejemplo: si te ha pegado, deja de jugar, mírale a los ojos y pon cara seria. Empieza a enseñarle que hay *tiempos muertos*, momentos en que se ha traspasado un límite, y la vida no puede seguir su curso sin una *parada de reflexión*.

DESARROLLO MORAL

En los años sesenta del siglo pasado, el psicólogo evolutivo Lawrence Kohlberg se atrevió a tratar un tema difícil y conflictivo que está presente siempre que se habla del ser humano, pero sobre el que parecía muy difícil dar definiciones estructuradas: el desarrollo moral. Lo que hizo Kohlberg fue tratar de establecer las etapas por las que el ser humano va pasando a la hora de definir sus criterios sobre lo que se debe hacer y lo que no se debe hacer.

Según este autor, el desarrollo moral empieza en cuanto el niño nace: en esa época, las normas son impuestas por otros y se cumplen sólo para evitar el castigo o recibir recompensas. Este desarrollo acaba en una etapa que únicamente algunos adultos alcanzan, en la cual las personas actúan en función de lo que creen correcto, sin tener en cuenta las restricciones legales o las opiniones de los demás. Actúan de acuerdo con normas interiorizadas, sabiendo que se condenarían a sí mismas si no lo hicieran así.

La idea de Kohlberg es que estas etapas eran universales. Pero en esa misma década, la psicóloga Carol Gilligan matizó esas conclusiones al afirmar que el desarrollo moral de las mujeres era distinto al de los hombres, pues se basa en la compasión. Eso hace que consideren la ética en función de la responsabilidad de cuidar a otras personas y no en función de la justicia. El grado mayor de moralidad en una mujer de esa época era, según Gilligan, conseguir no herir a nadie, incluido ella misma.

Desde entonces, las dos definiciones de desarrollo moral han servido a los estudiosos para demostrar sus teorías sobre el desarrollo de la ética en los niños. Unos se apoyan más en que los niños adquieren, poco a poco, un sentido racional de la justicia; es decir, se apoyan más en la cabeza. Otros, en que los niños desarrollan su empatía, se basan más en el corazón. Pero todos están de acuerdo en que el fin último de este desarrollo moral es que nuestro hijo no haga a los demás lo que no le gustaría que le hicieran a él.

EL NIÑO APRENDE NORMAS   18 meses/4 años

Un ambiente familiar adaptativo es aquel que reacciona con cariño a la vez que permite que el niño experimente, de forma gradual y acorde con su proceso de maduración, una cantidad creciente de **frustración**. Acoge al niño cuando se frustre para que no se hunda ante la situación, pero no intentes ocultar el hecho de que las cosas, esa vez, no le han salido bien. Expónlo ya a experiencias en las que no logre todo lo que desea: puede afrontarlas, y su capacidad para adaptarse a la realidad depende de ello.

Las normas que tienes que transmitirle son aquellas que se necesitan para una convivencia «yo doy, tú das», es decir, para una convivencia asertiva. Ése es el tipo de relación que se favorece en el mundo en el que tu hijo va a vivir. Si él carece de norma, se convertirá en una persona sin tolerancia a la frustración, y eso, al final, acabará por aislarlo de los demás.

Intenta que tu lenguaje no caiga en la profecía autocumplida. Un ejemplo. No digas: «Te vas a cortar con esas tijera», porque si lo hace, sentirá que la culpa la tuviste tú por hacer la *profecía*. Mejor dile: «Ten mucho cuidado; si no, podrías cortarte». La segunda fórmula es condicional: el niño ya está prevenido y podrá superar o no el obstáculo, pero es él quien decide. Si se equivoca, interiorizará la norma.

Cuida la coherencia entre lo que dices y lo que haces. Cuando un niño tiene una época de anomia (falta de norma), suele justificarlo con el *argumento cínico*: las reglas éticas son algo que los padres tratan de imponerle para obtener una ventaja sobre él, no algo en lo que cree. La contradicción entre lo que los padres dicen y lo que hace da pie a ese argumento e invalida la norma. Por eso es tan importante que los padres actúen con seguridad y sin contradicciones. Explícale claramente cuáles son tus normas éticas y cómo te gustaría que fuera su desarrollo moral. Y trata de ser consecuente: tu hijo se identificará con tu estilo de comportamiento, y eso es lo que imitará, no tus ideas teóricas. La norma concreta puede ser más o menos discutida si se le transmite una forma de ser responsable y honesta, pero si hay un desencuentro claro entre palabras y comportamiento, tu hijo se quedará con lo segundo.

El castigo tiene que ser una excepción. La norma se interioriza, en general, a base de refuerzos positivos: cuando tu hijo la cumpla y respete el derecho de los otros, refuérzalo. Cuida el efecto *esto-es-lo-normal*: recuerda que para ti lo habitual es cumplir la norma, pero para él todavía no es un hábito. Así que no te olvides de reforzar positivamente y recurre sólo al castigo cuando haya que erradicar inmediatamente un comportamiento límite.

No trates de adiestrar a tu hijo. Ayúdalo, más bien, a potenciar sus capacidades (lo que lo ayuda a ser feliz en el medio en el que va a vivir) y a aminorar el efecto de sus carencias. No te centres en prohibir lo que no quieres que haga: acabarías por mitificar lo que quieres que evite. Es mucho mejor que le ofrezcas alternativas a la conducta que deseas extinguir.

> **LA IMPORTANCIA DE LOS LÍMITES**
>
> En 1997, un adolescente de dieciséis años llamado Luke Woodham asesinó a su madre y a dos compañeros de instituto, y dejó heridas a siete personas más. Un tiempo antes, cuando tenía seis años, Luke había pegado, torturado y prendido fuego a su perro, llamado *Sparkle*. El perro murió como consecuencia de las heridas, pero lo único que recibió el niño fue una pequeña reprimenda. Probablemente, los padres de Luke nunca pensaron que el asunto del perro mereciese más atención.
>
> Sin embargo, existe una clara correlación entre la violencia hacia los animales y la violencia hacia los humanos. Por ejemplo, un estudio reciente de Nuria Querol, de la Facultad de Medicina de la Universidad Autónoma de Barcelona, nos recuerda que una gran cantidad de asesinos en serie han cometido, en su infancia, actos de violencia

contra los animales, y nos hace notar, asimismo, que la violencia contra los niños y la violencia contra los animales suelen ir unidas: en la mayoría de los hogares en los que hay maltrato infantil existe también crueldad contra otros seres vivos.

En muchos estudios aparece el maltrato a los animales como un factor de predicción de problemas de violencia contra seres humanos. Sin embargo, esta forma de conducta no suele ser recriminada: no forma parte del tipo de síntomas que las personas utilizan para detectar a un psicópata o a un maltratador. Es decir: cuando un niño o un adulto comete un acto así, no se suele entender que haya traspasado el límite.

Sin embargo, es evidente que la violencia contra un animal demuestra falta de empatía, es decir, falta de capacidad para ponernos en el lugar del otro. Y es fácil deducir que si alguien no tiene esa capacidad, no se detendrá ahí. Desde el punto de vista psicológico, la correlación tiene mucho sentido: los niños que empiezan a utilizar la violencia fría y calculada como forma de imponerse a los demás lo hacen porque se sienten rechazados y no han adquirido la suficiente cantidad de tolerancia a la frustración. Es efecto, son niños que no aceptan la idea de que no siempre pueden tener lo que quieren. Cuando se van haciendo mayores, se convierten en jóvenes sin norma, que tienden a buscar un chivo expiatorio en quien canalizar su frustración.

Si no paramos la situación para explicarles que existen actos que rompen toda posibilidad de relacionarse, estos niños pueden convertirse en adolescentes muy peligrosos. En su diario, Luke decía que torturar y matar a su perro le había resultado un acto de «verdadera belleza», pero nadie entendió que, al cometer aquel crimen, el niño había traspasado un límite.

Todos los padres tenemos que tener claro qué hechos consideramos graves. Si no es así, corremos el riesgo de dejarlos pasar (por pereza, por prisa o por miedo a nuestro hijo).

LAS MENTIRAS

Una de las mayores preocupaciones de los padres son las mentiras de sus hijos.

A veces, los niños no nos dicen la verdad y como nos gustaría que nos la dijeran siempre, tratamos de buscar *métodos infalibles* para averiguar cuándo nos mienten. Sin embargo, la mayor parte de las veces las investigaciones demuestran que esto es imposible: no hay ningún signo inequívoco aislado que delate que nuestro hijo nos está mintiendo.

En psicología forense, por ejemplo, se utilizan técnicas para medir la credibilidad de lo que dicen los niños. Una clásica es el análisis de contenido basado en criterios, que se ha utilizado durante decenas de años para evaluar la veracidad de los testimonios en juicios. Según este método, los seres humanos nos comunicamos de forma diferente cuando narramos algo que hemos visto o algo que nunca hemos presenciado. En un caso, estamos recordando; en otro fabulando: la verdad ya existe, sólo la falsedad tiene que inventarse. Y eso puede apreciarse en la forma de transmitir el hecho.

Para dilucidar si algo tiene posibilidades de ser falso, esta técnica analiza el contenido de lo que dice la persona utilizando diecinueve factores. Por ejemplo: cuando una persona miente, es más raro que añada detalles superfluos a lo que está contando. Alguien que inventa no se suele detener a describir cómo era la silla o cuánta gente había en el local. Supone demasiado gasto de energía mental para una persona que tiene que crear lo que está contando.

Éste es uno de los factores. Otros tienen que ver con que las personas que mienten no suelen hacer correcciones espontáneas de su propio testimonio, ni aludir a lo que sintieron mientras ocurrían los hechos, ni admitir que a veces no se acuerdan de algún detalle… Así hasta diecinueve.

> La idea de poseer una técnica parece tentadora. Pero la evidencia empírica nos devuelve a la realidad. Usar un método como éste, que quizá sea de los más contrastados, sólo nos aumenta un poco la probabilidad de acierto. Eso, después de dedicar gran cantidad de tiempo y esfuerzo (a veces días) a analizar lo que un niño ha dicho durante un rato. Hacer este análisis con todas las narraciones dudosas que nuestros hijos nos hacen sería imposible.
>
> Así que parece que a los padres no nos compensa andar obsesionados con el tema de las mentiras de nuestros hijos. Es seguro que, a veces, se nos escapará alguna. Pero en las relaciones humanas lo importante no es ese acto puntual: si nuestro hijo ha interiorizado las normas suficientes para vivir en comunidad, esas pequeñas mentiras no serán un problema. Y si no lo ha hecho, lo importante no es que nos mienta: ése será sólo uno de los muchos problemas causados por su falta de normas.

EL NIÑO TIENE PROBLEMAS POR LA FALTA DE NORMAS   4 años/6 años

No pienses que tu hijo agradece que no le hayas puesto límites: está pensando que si no lo haces es porque no tienes la valentía suficiente. En muchos ámbitos, notará que la carencia de pautas le hace sentirse inseguro. Habrá personas que lo ayuden a encontrarlas, y tu hijo se preguntará por qué tú no lo has hecho.

Plantéate por qué te cuesta tanto transmitirle normas. Algunas de las causas más comunes son éstas: te asusta defraudarlo; no te gustaría ser considerado autoritario; te cuesta decir que no; no quieres que sufra lo que tú sufriste; te resulta egoísta facilitarle normas que te hacen a ti más fácil la vida; tienes falta de tolerancia a la tensión interpersonal, es decir, te da miedo el conflicto y sus malas caras; te sientes culpable y compensas la falta de tiempo o dedicación actuando con indulgencia ante él; no quieres frustrarlo porque piensas aquello de «ya sufrirá cuando sea mayor».

Si tu hijo carece de normas, probablemente no ha entendido que los demás también tenemos necesidades y son tan importantes como las suyas. Igual que hay que advertir que en la primera infancia es importante mantener una relación estrecha y consistente con alguna figura de referencia, también es importante recordar que, después, el niño necesita separarse de esa figura de referencia para diferenciar sus propios deseos y necesidades de los de ella, y de esta forma tomar conciencia de sí mismo y de su individualidad. En esta edad, tienes que separarte de tu hijo tanto como sea posible y presentarte a ti mismo como sujeto de necesidades *egoístas*. Hazle entender que tienes una vida propia y ve alejándote de esa imagen que tiene de ti como una extensión suya que sólo existe para satisfacer sus necesidades.

Utiliza *mensajes Yo* para ayudarlo a empatizar. La empatía es la capacidad de ponerse en el lugar de los demás. Si un niño no tiene límites en su conducta es porque no ha aprendido a empatizar: no asume que los demás también tienen sentimientos y se les puede herir. Para enseñar empatía a tu hijo (y para comportarte de forma asertiva con él) son muy útiles los *mensajes Yo*: «Me siento mal cuando...», «Me gustaría que...», «Tengo miedo de que...».

Enséñale a negociar partiendo del «nosotros» en vez de usar continuamente «tú». Si le hablas a tu hijo como si los dos estuvierais en el mismo barco («Sería mejor que arregláramos esto, ¿no crees?», «Vamos a ver si conseguimos ordenar la casa para poder movernos a gusto», «Si intentamos hablar sin gritar será mejor para todos»), él querrá ayudarte a mantenerlo a flote. Pero si le hablas como si la responsabilidad y los beneficios fueran solo para él acabará adoptando soluciones egoístas.

Ayúdalo a encontrar cauces para liberar su energía. Si tu hijo es impulsivo, la práctica de un deporte lo ayudará a canalizar mucha energía, que, de otra manera, utilizaría en actos de ruptura de normas. El tiempo que inviertas en buscar esa actividad será un tiempo muy bien empleado ya que lo ayudarás a crecer en armonía.

IMPULSIVOS Y REFLEXIVOS

Existe una dimensión de la personalidad que hay que tener muy en cuenta y que puede ayudarte a comprender muchos de los comportamientos de tu hijo en relación con la norma. Desde su nacimiento, hay personas que son más impulsivas y personas que son más reflexivas.

Los niños impulsivos tienen una gran labilidad del sistema nervioso, es decir, reaccionan muy rápidamente ante los estímulos. Si tu hijo tiene esa tendencia hacia la impulsividad será un niño con una gran fuerza vital, que actuará habitualmente con energía y sin meditar mucho. A menudo hablará antes de pensar lo que va a decir y actuará, en muchas ocasiones, sin reflexionar sobre las consecuencias de sus actos. Su ventaja es la vitalidad; su riesgo es la gran cantidad de equivocaciones que comete.

Los niños más reflexivos, por el contrario, son mucho más sosegados. Tienden a pensar lo que dicen antes de expresarlo y suelen dudar antes de actuar. Buscan los matices de todas las decisiones. Son personas más tranquilas: su compensación es la armonía vital. Su desventaja es la falta de reflejos.

Ninguna de estas formas de ser es intrínsecamente buena o mala. Según cómo sople el viento, será más útil un rasgo u otro. Una persona impulsiva tiene la fuerza de su vitalidad; una reflexiva posee la virtud de su serenidad. A lo largo de la vida, tu hijo irá encontrando ocasiones en las que su reflexividad o su impulsividad se convertirán en una virtud.

A la hora de interiorizar límites de comportamiento, también existen diferencias. Los niños impulsivos tienden a transgredir los límites muchas más veces, pero normalmente de forma menos grave. Los que se inclinan más hacia el lado reflexivo, por el contrario, interiorizan mejor las normas, pero sus trastadas suelen ser a menudo más graves: si piensan que un límite no es justo, se lo saltan con mucha más decisión.

EL NIÑO QUIERE PONERTE NORMAS   4 años/6 años

En primer lugar, discute con él si la norma que quiere que cumplas es justa o no. Hoy en día se habla mucho de los niños tiranos: son aquellos que imponen su voluntad continuamente a sus padres. El problema en estos casos proviene muchas veces de la arbitrariedad de las normas. Los niños tiranos saben que sus padres accederán o no a sus peticiones en función del miedo que creen con sus amenazas. La lógica de la norma no existe para ellos: todo es una cuestión de poder. Para evitar esto es esencial que tú tengas claro, desde que tu hijo es pequeño, qué normas le pides que cumpla y cuáles son las razones. Así, cuando él te pida que cumplas tú algunas («No entres en mi habitación sin pedirme permiso», «No me traigas la leche tan caliente»...) podrás razonarlas con él e incorporar las de ambos en una totalidad coherente.

Si crees que tiene razón en la norma, pídele que te la exprese en términos asertivos. Es tu oportunidad de enseñar a tu hijo a expresar sus opiniones y necesidades con mensajes yo, sin resultar ni pasivo ni agresivo. Si lo hace así, acepta la norma: él también tiene derecho a establecer reglas.

Si piensas que es una imposición que no aceptarías de «un igual», no la aceptes por el hecho de que sea tu hijo. No hay ninguna razón para que tu hijo esté por encima de ti. No te sientas culpable por decirle que no: hacer de él un tirano no sería bueno para ninguno de los dos. Explícale el motivo por el cual aceptar esa norma sería aceptar una imposición injusta. Conviértete en un modelo para él negándote a lo que consideras injusto.

Ayúdalo a distinguir entre un favor y una norma. Al igual que pasa con los adultos, cuando hacemos muchas veces el mismo favor a nuestro hijo aquello acaba por convertirse en una obligación. Por eso es importante que no repitas la misma excepción muchas veces seguidas y que, cada vez que lo hagas, le muestres la diferencia entre ese favor que le estás haciendo y una norma que te sientes obligado a cumplir. Enséñale las tres expresiones mágicas: «por favor», «lo siento» y «gracias».

GENERACIONES KRONEN

A principios de los años noventa del siglo pasado, se empezó a hablar en España de *Generación Kronen* para referirse a la problemática de un tipo de chavales que no tenían ninguna norma, carecían de motivación y dependían, únicamente, de las nuevas sensaciones que cada día pudiera proporcionarles para sentirse vivos. La denominación provenía de *Historias del Kronen*, un libro de José Ángel Mañas. En él se describían las andanzas de tres adolescentes que deambulaban por Madrid buscando aventuras que los estimularan.

Las razones del desasosiego interior de estos jóvenes son distintas: Roberto disimula su verdadera orientación sexual; Pedro quiere sentirse acogido por un grupo del que se sabe excluido por su debilidad física; Carlos, simplemente, se aburre si no encuentra diversión y satisfacciones sin tardanza... Pero los tres coinciden en una cosa: las aventuras tienen que tener *refuerzo inmediato*. No se busca algo profundo, no se persigue algo por lo que haya que luchar para conseguir. Para estos tres jóvenes, las drogas, las *snuff movies* y las películas de psicópatas o los juegos en los que uno se juega la vida son perfectos: activan a la persona siempre, sin necesidad de aprender ni hacer varios intentos.

El rasgo de personalidad que caracteriza a estos jóvenes tiene un nombre en psicología: falta de tolerancia a la frustración. Los psicólogos llamamos *tolerancia a la frustración* a la capacidad de seguir persiguiendo un objetivo a pesar de no tener éxito en los primeros intentos. Fracasar frustra a todo el mundo, pero las personas con tolerancia a la frustración son capaces de persistir a pesar de esos primeros fracasos.

Esa tolerancia a la frustración nos permite a los seres humanos abordar objetivos difíciles que no suelen tener refuerzo inmediato. Continuar con unos estudios que no darán fruto hasta muchos años después es un ejemplo clásico de tolerancia a la frustración. Uno insiste, aunque de momento la actividad no ofrezca resultados.

En los hijos de personas que han sufrido una educación muy represora se da, a veces, esa falta de tolerancia a la frustración que describe *Historias del Kronen*. Los padres no quieren que estos niños sufran lo que ellos han vivido e, inconscientemente, se pasan al otro lado. Nunca frustran a sus hijos, jamás les dicen «no» a nada, nunca les enseñan que lo mejor de la vida suele requerir esfuerzo.

Poco a poco, estos niños caen en un círculo vicioso: por una parte, el refuerzo fácil es visto cada vez como más sencillo y seguro: sus padres siempre estarán allí para ayudarlos a conseguirlo. Por otra, se van sintiendo incapaces de intentar actividades de refuerzo diferido, porque para hacer cosas que no se saborean inmediatamente, hay que tener tolerancia a la frustración, y ellos nunca la han aprendido. Al final, se sienten incapaces de afrontar una reprimenda o la negativa de sus padres a comprarles un juguete. Y cuando se hacen mayores, no pueden con los suspensos en los exámenes o los *noes* de la persona que les gusta. Creen que son incapaces de controlar, en esas situaciones, su ansiedad. Y eso los lleva a ser violentos, porque la violencia surge cuando uno no es capaz de aceptar la frustración de objetivos.

En todas las épocas han existido Generaciones Kronen. Cambia el nombre, pero el fondo es el mismo: son personas sin normas de convivencia y, por tanto, sin tolerancia a la frustración. Quienes tenían que enseñárselo en un ambiente seguro emocionalmente no lo han hecho. Y después, de mayores, no siempre es fácil aprenderlo.

7

Mi hijo se relaciona
Cómo educar cuando a la vez otros están educando

CÓMO RECONCILIAR LO QUE PARECE IMPOSIBLE

Judith Rich Harris no pudo llegar a ejercer como psicóloga porque fue expulsada del Departamento de Psicología de la Universidad de Harvard. A pesar de llevar una buena carrera académica, fue incapaz de combinar sus estudios con la maternidad. Se le fueron pasando plazos para entregar trabajos y exámenes, y al final se vio obligada a abandonar su carrera.

Después, tuvo algunos problemas con los estudios de sus hijos ya que no conseguían llegar al nivel adecuado. Fue a hablar con sus profesores y descubrió que, según ellos, la culpa de todo lo que les ocurría a los niños la tenía ella.

Decididamente, Judith Rich Harris no acababa de conciliar el mundo de los estudios y el mundo de la maternidad.

Pero años después de ser apartada del mundo académico, Judith consiguió convertirse en el centro de atención de la comunidad científica gracias a un artículo de investigación… sobre educación. A partir de ese trabajo, por el que recibió un importante premio de la comunidad académica, reinició sus estudios y publicó un libro, *El mito de la educación*, que se convirtió en uno de los libros más vendidos en su país en 1999.

De hecho, la reconciliación del mundo académico y el mundo de los niños tuvo algo de simbólico en su caso. Ella había sido expulsada de la universidad con una carta firmada por George A. Miller, un eminente psicólogo que ocupaba el cargo de rector. Cuando murió, se instituyó un premio en su honor. Y éste fue el galardón que obtuvo Judith Rich Harris por su excelente trabajo: el Premio George A. Miller de Investigación. Paradojas de la vida...

NIVEL DE ACTIVACIÓN IDEAL

Uno de los rasgos que distinguen a unos niños de otros es el nivel de activación que prefieren. Nuestros hijos, al igual que nosotros, controlan la cantidad de estimulación que les llega para dar con el nivel en el que se encuentran a gusto. Cuando se sienten excesivamente estimulados, intentan retirarse a un lugar tranquilo donde poder estar solos. Cuando se sienten demasiado poco estimulados, acostumbran a buscar lugares ruidosos y llenos de gente para sentirse a gusto.

Existen, sin embargo, grandes diferencias individuales respecto al grado de activación que les resulta agradable. Hay niños que siempre están buscando que les ocurra algo: les gusta realizar actividades que conlleven riesgo y aventura, encontrarse con desconocidos y exponerse a situaciones que les resulten intelectualmente excitantes. Otros niños, por el contrario, prefieren la sensación de paz, ver a los amigos de uno en uno y disponer de ratos al día de soledad.

A la hora de ayudar a nuestro hijo a relacionarse, es muy importante tener en cuenta esta dimensión de su personalidad. Un ejemplo: si tu hijo prefiere un bajo nivel de activación, no es una buena idea organizarle una fiesta para que conozca amigos. Siempre preferirá conocerlos de uno en uno. Y al contrario: si es de los que prefieren un nivel alto de estimulación, se aburrirá estando con un amigo toda la tarde.

¿QUIÉN EDUCA?

El fenómeno de *El mito de la educación* es doblemente curioso porque, después de tanto enfrentamiento entre el mundo académico y la maternidad, Judith llega en la obra a una revolucionaria conclusión: la de que los padres tienen poca importancia en la educación de sus hijos. Los dos únicos factores importantes, según esta autora, son la genética y el grupo dentro del cual el niño se relaciona con sus iguales.

La hipótesis de esta investigadora, por supuesto, causó una gran polémica en el mundo anglosajón. La autora fue muy criticada porque atacaba una idea que había sido la hipótesis predominante hasta entonces. Pero no es fácil echar por tierra completamente su crítica: Judith Rich Harris aporta numerosos experimentos que avalan su hipótesis. Un ejemplo: los niños siempre acaban adquiriendo el lenguaje y el acento imitando a sus compañeros, no a sus padres. De hecho, los niños aprenden un lenguaje incluso en las culturas en las que los adultos no se dirigen a ellos; se las arreglan escuchando a los compañeros un poco mayores que ellos.

Otro ejemplo: los experimentos sobre apego llegan a la conclusión de que el niño no generaliza la relación que establece con sus padres al resto del mundo. Es decir, que un niño puede sentirse muy seguro con sus padres y profundamente inseguro con sus amigos, lo cual es, según Judith Rich Harris, algo bastante lógico: el mundo de los amigos y el de los padres funcionan con códigos diferentes y premian formas de actuar completamente contrapuestas. Un niño puede ser muy valorado por sus padres por una determinada cualidad y muy denostado por sus compañeros por el mismo motivo. De hecho, los niños lo saben: la investigadora aporta en su libro numerosas investigaciones que demuestran que nuestros hijos se comportan de forma absolutamente diferente en casa y fuera de ella.

Lo que ocurría hasta entonces, según esta autora, era que existía un falso consenso: la comunidad científica mantenía una hipótesis de sentido común (la de que la influencia de los padres es el factor más importante en la educación) sin comprobarla. Judith Rich

Harris afirma en *El mito de la educación* que esta idea, que dan por sentado la mayoría de los científicos, no queda confirmada por ninguna investigación.

Obviamente es la opinión, desde un solo punto de vista, de esta autora.

Y UNA NUEVA RECONCILICIACIÓN

La polémica sobre qué factor es el que mayor influencia tiene en la educación es estéril. El crecimiento cognitivo, emocional y social de un niño se da por una interrelación de factores y es imposible aislar cada uno de ellos. ¿Cómo saber cuantitativamente cuál es la influencia de los padres? ¿Cómo separarla de la que ejerce la escuela, teniendo en cuenta que, por ejemplo, los padres eligen el tipo de colegio al que va el niño? ¿Y cómo separar la influencia de los amigos de la de los padres, si son los padres los que *mueven los hilos* en esta edad para que el niño tenga unos u otros amigos?

A pesar de eso, Judith Rich Harris, que no tuvo en cuenta la influencia obvia de otros factores, ha supuesto un soplo de aire fresco en el tema de la educación por un doble motivo:

A Por una parte, ha rescatado muchos estudios que nos recuerdan que, como educadores de nuestros hijos, debemos ayudarlos a relacionarse de forma sana con los demás porque ese factor es tan importante como la relación que tengan con nosotros. Un ejemplo extraído del libro: cuando una socióloga preguntó hace poco a un numeroso grupo de personas qué era lo que les había hecho más infelices en su vida, sólo un 9 por ciento habló de la carga que suponía un mal trato por parte de los padres. Sin embargo, un 37 por ciento recordaba como motivo de tristeza duradera la actitud de sus compañeros.

B Por otra parte, el libro y el artículo consiguieron el objetivo que Judith Rich Harris había propuesto: ayudar a muchas madres y a muchos padres a no sentirse culpables por todo lo que sus hijos hacían. La insistencia en que la culpa es de los padres es tópica en nuestra sociedad y, sin embargo, no es cierto que todo esté bajo su control. Si hablamos como si los padres fueran omnipotentes, crearemos muchas culpabilidades y frustraciones que no ayudarán en nada a los hijos. Como dice esta investigadora, hay que cambiar culpabilidad por responsabilidad. Somos responsables de coeducar a nuestros hijos, de ayudarlos a encontrarse con otros mundos y otras influencias, y sacar lo mejor de cada mundo.

PONERSE DE ACUERDO. SITUACIONES COTIDIANAS EVOLUTIVAS

A ponerse de acuerdo y a ver cómo interactúan los diferentes factores que rodean al niño es justamente lo que vamos a aprender en las siguientes situaciones. Gradualmente, nuestro hijo va a vivir otras influencias que no son las nuestras. Educar consistirá, en este capítulo, en ayudar al niño a combinar de forma sana el mundo que comparte con nosotros y el que comparte con otras personas. Para eso, iremos ayudándolo a dotarse de una autoestima basada en la consecución de objetivos (*autoestima-hormiga*) y de otra basada en el cariño incondicional que algunas personas le tenemos (*autoestima-cigarra*). El objetivo final es que nuestro hijo se sienta seguro en los diferentes ambientes que van a conformar su universo vital. Vamos a ver diferentes situaciones.

EL BEBÉ QUIERE ESTAR TODO EL TIEMPO CONMIGO 0 años/18 meses

Para que el niño se desarrolle, nuestra relación con él debe ir cambiando. En el mismo momento del nacimiento de nuestro hijo se establece un vínculo afectivo entre él y nosotros muy poderoso e importante para su desarrollo. Para el niño es una cuestión de supervivencia: la presencia y el cuidado constantes de la madre, el padre o de otra persona significativa son imprescindibles. Sin embargo, los fuertes lazos que se establecen entre madre e hijo comportan una dependencia, sobre todo por parte del bebé, que tiene que ir disminuyendo a medida que vaya creciendo y adquiriendo los hábitos necesarios para su funcionamiento autónomo.

Durante los primeros meses de vida, nuestro hijo aún no ha aprendido a almacenar en su mente la imagen de los objetos y personas que ve. Por eso, cuando no los ve, le parece que han desaparecido, quizá para siempre. Esta explicación básica permite entender la ansiedad que siente tu hijo cuando te alejas de él, fruto de su dependencia y del miedo a que desaparezcas de su vida. Es, por tanto, un mecanismo protector.

Trata de controlar tu comunicación no verbal después de las separaciones para darle sensación de normalidad. Su referencia para saber *si pasa algo* son tus gestos, tu mirada, tu forma de sonreírle y acariciarlo. Intenta que tu comunicación no verbal después de una breve separación no sea dramática: que tenga la sensación de que lo que ha pasado es normal y que todo está bajo control.

Inventa juegos que sirvan para que tu hijo aprenda a desvincularse progresivamente de ti. Por ejemplo, puedes jugar a esconder tu cara tras las manos, un pañuelo o una sábana. Más adelante, dile al niño que también la esconda. Así podrá exteriorizar algunos de los miedos que le produzca tu alejamiento y aumentar su sensación de seguridad. En este sentido, el juego del escondite es ideal para que aprenda a desligarse de los padres. Al terminar el juego, vuelve a sonreírle demostrándole seguridad.

EL NIÑO TIENE MIEDO A LOS DESCONOCIDOS   18 meses/3 años

Si queremos que nuestros hijos sean personas autónomas, debemos adoptar actitudes que los ayuden a separarse de nosotros. Hay frases que anticipan catástrofes y que funcionan como profecías autocumplidas. Suelen darse en padres que se sienten imprescindibles porque creen que su función es proteger a los niños de la vida, en vez de prepararlos para la vida. Con estos comportamientos acaban transmitiendo ansiedad a sus hijos y, con ella, una dependencia que los ayuda muy poco.

Es importante averiguar el origen de este comportamiento dependiente. Las causas habituales son la carencia de una separación gradual y progresiva de los padres durante el curso evolutivo, una experiencia traumática a raíz de una separación que no ha sido bien preparada o el refuerzo que hacen los padres de la dependencia de sus hijos. Por eso, nuestro comportamiento es fundamental para que nuestro hijo supere el miedo a la separación.

Tienes que propiciar separaciones, primero breves y cada vez un poco más largas. Dile siempre que te vas y cuándo tienes previsto volver. Al principio le costará aceptarlo, pero poco a poco, cuando se dé cuenta de que separación no significa abandono, lo irá asumiendo.

Intenta controlar tu ansiedad. Los padres que experimentan ansiedad cuando se separan de su hijo pueden *contagiársela*. Estos padres protegen demasiado a su hijo y pueden generarle una inseguridad que no le permita desarrollarse independientemente. No refuerces la dependencia: cuando tu hijo no quiera separarse de ti evita premiarlo o recompensarlo, porque eso reforzará la idea de que mantenerse a tu lado le reporta beneficios (sean los que sean), y lo que tenemos que conseguir es que aprenda a alejarse y valerse por sí mismo.

El niño va a estar muy atento a la forma en que *pasas el testigo*. La reacción del niño dependerá de si te ha visto crear vínculos de confianza con aquellos que se van a encargar de su cuidado. Si le proporcionas seguridad, esa confianza favorecerá el despegue de tu hijo. La comunicación oral tiene que ser apoyada por las acciones. Es decir, si al dejar al niño, por ejemplo en un centro de juego, su madre le dice «Quédate aquí tranquilo que mamá te vendrá a buscar luego», el niño deberá escuchar un único mensaje. Debe sentir coherencia entre lo que se le dice con palabras y lo que se le dice con el cuerpo. También es importante que él tenga la certidumbre de que tú te vas a acompasar a sus tiempos particulares, a sus progresos y frustraciones, a sus dudas e inquietudes.

Normaliza en la medida de lo posible las situaciones estresantes de separación. Una hospitalización, un divorcio o una muerte pueden provocar una separación brusca. Tu hijo necesitará afecto y compañía, pero eso no significa que le tengas que transmitir desasosiego. Debes procurar que tanto el entorno del niño como tu comportamiento no cambien demasiado, ya que le resultará más fácil adaptarse a la nueva situación en un ambiente normalizado.

Fomenta la autonomía personal de tu hijo. Lo puedes conseguir haciendo que sea más competente, es decir, que aprenda nuevas cosas cada día. Si le enseñamos a mejorar sus habilidades y le ofrecemos incondicionalmente nuestro cariño, lo ayudaremos a desarrollar su autoestima y a enfrentarse a la separación de sus padres con seguridad y sin temores. Para que en un futuro no sea excesivamente dependiente de nosotros tenemos que ir retirando, poco a poco, los soportes que le facilitamos para realizar una actividad, hasta que la pueda hacer completamente solo. Cuando llegue este momento, tenemos que reforzarlo, valorando positiva y abiertamente lo que ha hecho. También es muy importante fomentar su curiosidad por el entorno, su responsabilidad ante una tarea y su iniciativa para llevar a cabo una actividad.

¿CÓMO PUDIMOS SOBREVIVIR?

Esta misiva es una de esas cartas anónimas que circuló mucho por Internet el año 2004. Es interesante por su procedencia (Internet: el medio en el que más lecturas harán probablemente nuestros hijos) y, además, leerla ayuda a reflexionar sobre los miedos que tenemos con nuestros hijos y hasta qué punto es sano y natural el que ellos quieran ir progresivamente independizándose de nuestra protección:

> Esta carta está dedicada a las personas que nacieron entre 1975 y 1982 (y antes). ¡La verdad es que no sé cómo hemos podido sobrevivir a nuestra infancia! Mirando atrás es difícil creer que estemos vivos después de haber crecido en la España de antes: No tuvimos puertas con protecciones, armarios o frascos de medicinas con tapa a prueba de niños. Montábamos en bicicleta sin

casco, ni protectores para rodillas ni codos. Los columpios eran de metal y con esquinas en pico, y jugábamos a «lo que hace la madre hacen los hijos», esto es, a ver quién era el más bestia. Pasábamos horas construyendo nuestros vehículos con trozos de rodamientos para bajar por las cuestas, y sólo entonces descubríamos que nos habíamos olvidado de los frenos. Después de chocar contra algún árbol, aprendimos a resolver el problema. Jugábamos al churro y al pañuelo, y nadie sufrió hernias ni dislocaciones vertebrales.

Salíamos de casa por la mañana, jugábamos todo el día, y sólo volvíamos cuando se encendían las luces de la calle. Nadie podía localizarnos. No había móviles. Buscábamos maderas en los contenedores o donde fuera, y hacíamos una caseta para pasar allí el rato. Nos rompíamos huesos, nos abríamos la cabeza jugando a guerra de piedras y no pasaba nada, eran cosas de niños y se curaban con mercromina (muy roja) y unos puntos, y al día siguiente todos contentos. La mitad de los compañeros de clase tenía la barbilla rota o algún diente mellado, o alguna pedrada en la cabeza... Tuvimos peleas, nos arañábamos y pellizcábamos unos a otros, y aprendimos a superarlo.

Íbamos a clase cargados de libros y cuadernos, todo metido en una mochila que ni tenía refuerzo para los hombros y, ¡mucho menos ruedas! Estábamos siempre al aire libre, corriendo y jugando. Compartimos botellas de refrescos y nadie se contagió nada. Sólo nos contagiábamos los piojos en el cole, cosa que nuestras madres arreglaban lavándonos la cabeza con vinagre caliente. No tuvimos Playstations, Nintendo 64, videojuegos (pero nos dejábamos muchas monedas de cinco duros), 99 canales de televisión, películas en vídeo (sí, una vez vi una *peli* en casa de un tío mío), sonido *surround*, móviles, ordenadores (bueno, algún vecino nuestro tenía un SPECTRUM o algún afortunado amigo) ni Internet, pero nos lo pasábamos de lo lindo tirándonos globos llenos de agua y arrastrándonos por el suelo destrozando la ropa.

Nosotros sí tuvimos verdaderos amigos. Quedábamos con ellos y salíamos. O ni siquiera quedábamos: salíamos a la calle y allí nos encontrábamos y jugábamos a las chapas, a la peonza, a las canicas, al rescate..., en fin, tecnología punta. Íbamos en bici o andando hasta su casa y llamábamos a la puerta.

¡Imagínense!, sin pedir permiso a los padres, ¡nosotros solos, allá fuera, en el mundo cruel! ¡Sin ningún responsable! ¿Cómo lo conseguimos? Hicimos juegos con palos, botellas y balones de fútbol improvisados, y comimos pipas y, aunque nos dijeron qué pasaría, nunca nos crecieron en la tripa ni tuvieron que operarnos para sacarlas. Bebíamos agua directamente del grifo de las fuentes de los parques, agua sin embotellar, ¡donde chupaban los perros!

Éramos responsables de nuestras acciones y arreábamos con las consecuencias. No había nadie para resolver eso. La idea de un padre protegiéndonos si hacíamos algo mal era inadmisible. Si acaso, te soltaban un guantazo, o un zapatillazo, o un escobazo, y te callabas. No había leyes del menor ni gilipolleces para protegernos.

Tuvimos libertad, fracaso, éxito y responsabilidad, y aprendimos a crecer con todo ello. ¿Tú eres uno de ellos? ¡Enhorabuena! Pasa esto a otros que tuvieron la suerte de crecer como niños, antes de que todos esos niñatos que hay ahora (que se creen algo y no tienen respeto ni educación) destrocen el mundo en el que vivimos. Respeto, eso es lo que todos aprendimos y lo que ahora no se inculca a las nuevas generaciones. La hiperprotección que los padres aplican a sus hijos hace que los niñatos se crean invulnerables, los reyes, y pierden por completo el respeto y la educación. Por favor, educa a tus hijos con los mínimos valores que exiges a tu mejor amigo y haremos un mundo más tranquilo para ellos.

EL NIÑO SE ESTÁ ADAPTANDO AL COLEGIO   3 años/4 años

Cuida las rutinas y respeta las que tenga el colegio. El niño sabe que lo llevas al centro con la intención de dejarlo allí, pero no sabe realmente cuándo lo irás a buscar: no dimensiona cronológicamente los tiempos. Intenta sustituir esta ausencia de reloj por unas pautas diarias que den al niño sensación de rutina. Ayuda a los docentes a establecer estos ritmos cronológicos. Por ejemplo, si lo último que se hace en clase antes de la finalización es cantar, dile al niño que lo irás a buscar «cuando terminen las canciones».

Si es posible, haz que sea una misma persona la que se ocupe de llevar y recoger al niño durante el período de adaptación. Eso facilitará el proceso y, además, ayudará a que alguien te mantenga informado cotidianamente de la conducta del niño durante la permanencia en la institución. Así estarás siempre al día.

Cuando sea necesario que permanezcas en clase unos minutos, deja que sea el profesor quien te indique dónde situarte y qué hacer durante ese tiempo. De ese modo, no interferirás en la tarea ni en la adaptación de los demás niños del grupo. Pero, además, ayudarás a tu hijo a adquirir confianza en el profesor. Lo ideal sería que estuvieras presente físicamente, pero no participaras (puedes resolver la situación, por ejemplo, leyendo un libro o actualizando tu agenda). Esto transmitirá al niño seguridad: «Papá o mamá están en lo suyo, están confiados, por eso no me miran a cada momento».

Una vez conseguido el primer estadio de confianza, conviene que esperes fuera, en un sitio conocido por el niño, hasta que pueda despedirte sin llantos y él elija quedarse jugando con sus amigos en vez de irse contigo. Recuerda: es necesario que tú no estés para que empiece a descubrir a los demás. El vínculo contigo, al principio, es demasiado fuerte para permitirle explorar otras relaciones. Deja que primero sepa que tú no estás, para que pueda, después, atender a los otros niños y al profesor.

Establece vínculos entre el colegio y el hogar. Por ejemplo, puedes realizar con tu hijo actividades lúdicas que también haya practicado en el colegio (proponle que termine un dibujo que inició allí), trae amigos de la clase a tu casa... Todo esto le permitirá establecer un vínculo entre una y otra faceta de su vida y no sentirá que son compartimentos estancos.

Ten en cuenta que, para un niño pequeño, una situación como ésta es movilizadora: evita hacer simultáneamente otros cambios. Por ejemplo, si el niño llega a un centro de educación nuevo, es conveniente que no coincida con el paso de la cuna a la cama, con la despedida del biberón o con dejar los pañales. Cuando termine esta adaptación, habrá ganado en seguridad y podrá hacer otros cambios.

Ayúdalo a usar un lenguaje más positivo que le dé fuerza para afrontar situaciones de cambio. En estos períodos se acentúa la utilización de valoraciones negativas acerca de uno mismo. Son frases del tipo: «No valgo para nada», «Todo me sale mal», «Nadie me quiere», etcétera. Todo este tipo de frases resultan muy dañinas para la autoestima del niño, pues llegará a creérselas. Ayúdalo a corregirlas.

- «No valgo para nada.» Recuérdale que todo el mundo vale para algo. Lo que sucede es que a veces nos empeñamos en llevar a cabo actividades para las que no tenemos habilidades, mientras ignoramos o no damos importancia a aquellas que nos salen bien. Esta frase se podría sustituir por frases más concretas que se refieran de forma específica a la tarea en la que no ha sido hábil y a ese momento en concreto.
- «Todo me sale mal.» Seguro que si simplemente piensa en el día de hoy, tu hijo es capaz de decir, al menos, tres cosas que ha hecho correctamente. Las frases que suelen referirse a la globalidad deberían ser sustituidas por frases más concretas, que sólo se refieran a lo que realmente ha salido mal.
- «Nadie me quiere.» Cuando diga esta frase, no la pases por alto: es un reflejo de sus sentimientos. Recuérdale las veces que se ha sentido querido y hazle notar que lo que ahora siente es una carencia puntual.

CONSTRUIR LA PERSONALIDAD

G. Kelly elaboró, a finales del siglo xx, una interesante teoría que intenta explicar cómo los niños van construyendo su personalidad. Según este investigador, para encontrar una forma de ser, el niño actúa como un científico. Por eso, elabora hipótesis a partir de lo que sabe, intenta hacer predicciones cuantitativas para poner a prueba esas hipótesis y las corrige cuando no se corresponden con los resultados. Todo este proceso se va poniendo a prueba en los diversos ambientes en los que tu hijo se mueve. Y, a veces, puede llegar a la conclusión de que una hipótesis funciona en determinados ámbitos y no en otros. Por ejemplo: tu hijo puede elaborar la hipótesis de que cuando uno hace una rabieta, consigue comer chocolate. Si la hipótesis es cierta, el resultado de los experimentos será conseguir comer chocolate a deshoras. Tu hijo hace esos experimentos y, a lo mejor, ve que confirman la hipótesis en ciertos ambientes (¿con los abuelos?, ¿con la canguro?, ¿contigo?) y no la validan en otros. A partir de ahí, ya puede elaborar su teoría: «Teoría número uno: Conviene ser caprichoso cuando está presente...».

Por eso, según Kelly, los niños funcionan en el tema de la personalidad como científicos ambulantes. Para este investigador, nuestros hijos tienen teorías acerca de sí mismos, de nosotros, de las otras personas, de los acontecimientos... No se limitan a responder a lo que nos va ocurriendo, sino que, más bien, toman parte activa en el proceso haciendo predicciones sobre lo que va a ocurrir si se comportan de una u otra manera.

Lo fascinante de esta teoría es que si Kelly está en lo cierto, tu hijo tiene infinitas posibilidades: siempre podrá escoger construcciones alternativas al tratar con el mundo. Es decir, siempre puede probar a verse a sí mismo, a los demás o al mundo de otra manera, y comprobar cómo le cambia la vida en función de esa construcción.

Por ejemplo, tu hijo puede tener una teoría sobre sí mismo que dice que sus amigos no juegan con él porque «le tienen manía». Pero tu hijo, como cualquier científico, puede cambiar su hipótesis y diseñar experimentos para comprobar cuál de las dos es cierta: la antigua o la nueva. Por ejemplo, puede probar la hipótesis de que, a lo mejor, está comportándose de un modo prepotente con sus compañeros. Tu hijo va al colegio, diseña un experimento (que básicamente consiste en cambiar su forma de comportarse por otra más humilde) y ve los resultados. Si éstos son satisfactorios, la segunda hipótesis, la de que la culpa es de su comportamiento, es la buena.

Las teorías de tu hijo sobre el mundo son importantes porque, según Kelly, las diferencias entre personas tienen que ver con la forma en que construimos el mundo que nos rodea. Todo lo que una persona piensa, siente, dice o hace está determinado por el modo en que este individuo anticipa lo que va a pasar en el futuro. Si tu hijo cree que sus compañeros lo van a marginar, se preparará para ello con un comportamiento altivo. Si piensa que lo van a aceptar como parte del grupo, actuará de una forma más acogedora.

Una última idea sobre esta teoría: según Kelly, tu hijo construye el mundo a base de dicotomías. Va clasificando su entorno en bueno/malo, bonito/feo, divertido/aburrido... Las diferencias las hará en función de cuál de esas contraposiciones aplica primero al mundo. Por ejemplo, hay niños cuya primera distinción es entre aburrido y divertido. Sin embargo, hay otros que cuando tienen que juzgar algo, empiezan por saber si es bueno o malo... El resultado será completamente diferente y dará una visión distinta del mundo.

En todo caso, cuando ayudes a tu pequeño científico a ir entendiendo el mundo, recuerda que es importante que sus clasificaciones tengan matices. Según la teoría de G. Kelly, la tristeza y el aislamiento surgen de la excesiva rigidez, del sentimiento de que todo está en un extremo o en otro. Por ejemplo, si cree que sus amigos son muy buenos o muy malos, acabará, tarde o temprano, siendo una persona solitaria. Porque no hay nadie que sea siempre bueno. Tu labor como educador es ayudarlo a huir del blanco y negro, y enseñarle que en la vida hay muchos matices.

Y, desde luego, debes acompañarlo en su camino.

EL NIÑO NO ESTÁ SEGURO DE SÍ MISMO
CUANDO SE RELACIONA CON LOS DEMÁS 4 años/6 años

La falta de seguridad en uno mismo es un problema de autoestima. La autoestima es el grado en que tu hijo se siente valorado y querido. Recuerda lo que se ha dicho en el capítulo 1: sentirse valorado tiene que ver con el lado hormiga, y sentirse querido tiene que ver con el lado cigarra.

La *autoestima-hormiga* está basada en la comparación con los demás o con lo que uno mismo cree que puede llegar a ser. Para conseguir ese tipo de autoestima hay que marcarse objetivos: uno no se sentirá valorado hasta que los cumpla. Tu hijo tiene una alta autoestima de este tipo cuando se evalúa positivamente y está satisfecho con sus habilidades y acciones. Este tipo de niños tienen confianza en sí mismos, conocen cuáles son sus puntos fuertes y hacen gala de ellos. Además, saben identificar sus puntos débiles e intentan mejorarlos. Cuando se critican a sí mismos lo hacen de forma suave. Por el contrario, en los niños con baja autoestima-hormiga existe una gran diferencia entre lo que sienten que son y lo que les gustaría ser. Cuantas más áreas de la vida de tu hijo estén afectadas por esta baja autoestima, peor será su evaluación global.

La autoestima-cigarra, **sin embargo, no necesita cumplir objetivos: necesita cariño.** Si tu hijo tiene este tipo de autoestima, se gustará por lo que es: será consciente de sus virtudes y no necesitará ir, continuamente, más allá. Para tener autoestima-cigarra, es decir, para sentirse querido, no es necesaria la comparación. Ni con uno mismo ni con los demás. Habitualmente, la autoestima-cigarra se la darán aquellos que le quieren, demostrándole que el sentimiento permanece haga lo que haga y sea lo que sea. Pero cuando entra en contacto con otros niños que se plantean los mismos objetivos que él, surgen las comparaciones y, por tanto, la necesidad de tener autoestima-hormiga.

Recuerda: los seres humanos necesitamos los dos tipos de autoestima. La autoestima-hormiga ayuda a alcanzar metas, pero si toda nuestra vida se basara en ella, estaríamos en permanente estado de lucha. La autoestima-cigarra es más relajante, pero no ayuda, desde luego, a alcanzar muchos objetivos.

Para ayudar a tu hijo a tener más autoestima-hormiga, recuerda que los objetivos los ha elegido él y no es fácil hacérselos cambiar. Un ejemplo: si el niño obtiene muy buenos resultados académicos, pero esto no es muy importante para él, las notas no tendrán mucho valor. En cambio, si lo que realmente considera importante es ser aceptado por un grupo de personas y es sistemáticamente rechazado, sentirá su autoestima muy mermada por no pertenecer a dicho grupo. Por eso, debes estar muy atento a lo que tu hijo te cuenta. Muchas veces hablará de sus relaciones con sus compañeros de colegio, y eso te permitirá saber si tiene amigos, si le cuesta conocer niños nuevos, qué considera él logros y qué fracasos, etcétera.

Aprovecha sus preguntas para averiguar el estado de su autoestima. Si, por ejemplo, te pregunta si es guapo, tienes una buena ocasión para responderle: «Yo pienso que eres muy guapo. Pero ¿es que te ha dicho alguien algo, o tienes algún problema?». Quizás el niño conteste que no, que sólo quería oír tu opinión. Pero también puede ser que le hayas dado pie para comentarte que, en el colegio, hay determinados niños que se meten con él y lo insultan diciéndole que es muy feo. Éste será un buen momento para que dejes todo lo que estás haciendo, lo sientes en tus rodillas, le prestes la debida atención y lo ayudes a solucionar eso que, en el fondo, tanto le preocupa. Tienes dos opciones: puedes intentar que no le vuelvan a insultar (algo casi imposible), o poner en marcha un plan para que los ignore porque no merece la pena escucharlos. Debe quedarle claro que tal vez el plan no funcione, pero que juntos iréis probando y, al final, seguro que encontráis una buena solución. Al día siguiente pregúntale qué tal resultado le ha dado el plan. Si le ha ido bien, felicítalo, y recuérdale que te encanta conocer sus problemas y ayudarlo a solucionarlos. Si le ha ido mal, reconoce que quizá vuestro plan no era tan bueno y pensad juntos otra solución. Para ello ponte en su lugar y recuerda cuando tú tenías su edad; seguro que pasaste por problemas parecidos. Otra opción es que no haya recordado lo que tenía que hacer o decir, o que no lo haya hecho como realmente le comentaste. Una buena solución en estos casos es escenificar la situación. El niño siempre debe hacer el papel que le toca en la realidad, y a ti te tocará ser *el malo*. Practicándolo varias veces, le quedará muy claro qué es lo que tiene que hacer.

Hay que evitar utilizar frases negativas y repetitivas cuando nos refiramos al niño. Deberíamos borrar del archivo de expresiones de los padres frases como «Qué malo eres», «Este niño es un desastre», «Eres un vago», «No tienes vergüenza», «Hay que ver qué guarro eres», «No hay forma de hacer carrera de ti», «De mayor no vas a servir ni para recoger basura», etcétera. No conseguiremos nada bueno con ellas; antes bien, de tanto oírlas, el niño se amoldará a ellas, las incorporará a cómo piensa que es y obrará en consecuencia (profecía autocumplida). Por eso tienes que tener mucho cuidado cuando hablas entre adultos y él está presente: aunque creas que está jugando, puede estar prestando atención a la conversación de los mayores. Si estamos intentando que nuestro hijo no se preocupe en exceso de su apariencia física porque es más bien bajito, desandaremos todo lo ganado en el momento en que nos oiga alabar al hijo de la vecina por lo alto que es. Y lo que es peor, a partir de ese momento, ya no creerá las palabras paternas que le indiquen que «ser bajito no tiene importancia porque lo importante es la forma de ser de cada uno».

Ayuda a tu hijo a encontrar alternativas a su comportamiento en las áreas problemáticas. Enséñale, por ejemplo, cómo solucionar problemas y plantearse objetivos realistas que sí pueda alcanzar. Puede mejorar sus habilidades para relacionarse y comunicarse con los demás. A veces hay que enseñarle a ser más objetivo, menos categórico en sus afirmaciones, a que se recompense por sus éxitos y que minimice los fracasos. Igual que enseñamos a nuestros hijos a dar sus primeros pasos o a atarse los cordones de los zapatos, deberíamos enseñar al niño a cambiar estas frases por otras más positivas. Y debemos tener mucho cuidado cuando hablamos de nosotros mismos, para no cometer esos mismos errores. Recordemos que los niños copian lo que ven hacer a los mayores.

EL MUCHACHO EN LA COCINA

«El muchacho en la cocina» era uno de los 1.200.000 *hikikomoris* que se estima que existían en el año 2004 en Japón. *Hikikomori*, en japonés, significa «inhibición, reclusión, aislamiento». Y éste es el término con el que se designa en este país a los muchachos que deciden encerrarse en algún habitáculo y no volver a salir. «El muchacho en la cocina» es un ejemplo de este tipo de chavales. Un periodista del *New York Times* relataba así su experiencia con este joven: «Lo conocí sólo como ¨El muchacho en la cocina¨. Su madre, Yoshiko, no me dijo su nombre: temía que los vecinos descubrieran su secreto. Su hijo tiene diecisiete años. Tres años atrás tuvo problemas en la escuela y empezó a aislarse. Un día entró en la cocina, cerró la puerta y se negó a volver a salir. Impide la entrada de todo el mundo, y la familia ha tenido que construir una nueva cocina. Según su madre, tiene acceso al baño. Pero sólo se baña una vez cada seis meses».

Este muchacho es un ejemplo más de una actitud que hace furor entre la juventud japonesa. Muchos adolescentes, en una especie de fiebre melodramática, deciden encerrarse en algún lugar de su casa cada vez que suspenden un examen o tienen un desengaño amoroso. Hasta ahí la cosa es normal: algo parecido hemos hecho todos. Pero lo curioso es que la chiquillada, a veces, continúa durante días, meses o años.

La familia, resignada como sólo puede estarlo una familia japonesa, se dedica a pasarle comida y a asegurarse de que el chaval disponga de todo lo necesario para una buena vida moderna: su Play Station, su TV, sus juegos para ordenador, Internet... El resultado final, la mayoría de las veces, es que el chaval acaba por aburrirse y sale de su encierro. Eso sí: después de haber perdido algunos años de su vida haciendo de ermitaño cibernético.

Las causas de esta moda son una mezcla de factores personales y culturales. Por una parte, la actitud *hikikomori* se da siempre en chicos a los que no se ha enseñado a relacionarse. Sus madres o sus padres los han sobreprotegido cuando eran niños y han fomentado su falta de tolerancia a la frustración en las relaciones con otros niños.

Por otra parte, los investigadores hablan del tipo de modelo de héroe que vende la cultura japonesa. Desde la época samurái, los mitos de allí son hombres solitarios e incomprendidos, aislados del mundo. El imaginario samurái incluye, asimismo, una gran facilidad para el suicidio: en el año 2004, el mismo en el que se realizó esta entrevista, un grupo de jóvenes concertaron suicidarse a la vez y lo llevaron a cabo.

8

Mi hijo busca su personalidad
Cómo educar en la diferencia

EL HOMBRE ELEFANTE

Joseph Carey Merrick nació el 5 de agosto de 1860 en Leicester. Durante sus primeros años no tuvo ningún problema físico, pero a partir de los cinco años empezó a desarrollar bultos extraños y tumores. Aun así, acudió a la escuela hasta los doce años de edad, época en la que murió su madre. Y ése fue el fin de la feliz infancia de Merrick.

Poco tiempo después, su padre volvió a casarse. Su nueva madre y los hijos que ella aportaba no admitieron a Merrick, que acabó fugándose de casa. Sólo volvió tras ser localizado por su padre, y éste lo convenció de que no lo abandonaría nunca.

En esa época, el que luego sería el Hombre Elefante intentó conseguir trabajo como pregonero de mercancías, pero la gente no lo escuchaba: sólo lo rodeaban para contemplarlo y reírse de él. Los médicos de la enfermería de Leicester intentaron ayudarlo, aunque sus operaciones y tratamientos sólo resultaron un martirio. Allí permaneció cerca de tres años. Y allí fue donde se le ocurrió la idea de cobrar por exhibirse.

Merrick escribió a un director de circo, y éste, nada más verlo, comprendió el gran negocio que podía significar exhibir al muchacho y lo contrató.

LO IMPORTANTE ES EL INTERIOR

Dos años más tarde el Hombre Elefante viajó a Bélgica, pero su exhibición fue prohibida por las autoridades. No siendo de ningún valor para el circo fue enviado de nuevo a Inglaterra. Poco se sabe de esta fase de su vida: desapareció sumido en una profunda depresión. Un tiempo después, Merrick reapareció en la estación de Liverpool. La policía no comprendía sus palabras y estuvieron a punto de enviarlo para ser internado como loco; pero entonces, nuestro protagonista mostró la tarjeta personal de un médico que sería decisivo en su vida: el doctor Treves. Cuando éste lo vio, su aspecto era lamentable y su estado emocional cercano a la auténtica locura. Pero Merrick comenzó a llorar, y aquello conmovió a Treves.

Pronto, más calmado y acomodado en el ático del Hospital de Londres, empezó a hablar con su protector, quien quedó impresionado por la afable e inteligente personalidad de aquel ser de físico deformado por la naturaleza. Publicó un artículo en el *Times* pidiendo ayuda y donaciones para el cuidado de Merrick. El auxilio comenzó a llover de todos lados. Muy pronto creció una profunda amistad entre el Hombre Elefante y el médico.

Merrick deseaba ir a un hospicio para ciegos donde nadie pudiera ver sus deformidades, pero el doctor Treves sabía que dentro de aquel físico había un ser amable e interesante que podía llegar a tener un gran éxito social. En diciembre de 1886, nuestro protagonista pudo disponer de su propia casa en las cercanías del hospital. Allí su mente pudo, por fin, descansar, dedicándose a la lectura y a contestar una increíble cantidad de cartas. Por la noche, cuando nadie lo veía, salía de la casa y paseaba en solitario por los jardines.

ALGO MÁS QUE LA PAZ INTERIOR

Pese a todo, el doctor Treves no estaba contento: sabía que su amigo necesitaba hablar con otras personas, especialmente con mujeres que lo ayudaran a olvidarse de médicos y científicos. Merrick adoraba al sexo contrario y, hasta entonces, la única mujer que no había mostrado repugnancia al acercársele había sido su madre. Su necesidad de amor era más patente cada día: nuestro protagonista devoraba novelas románticas una detrás de otra. Así que Treves preparó una cita con una hermosa viuda, que lo vio, le dio la mano y charló con él una tarde entera. Cuando ella se fue, Merrick comenzó a llorar de emoción: por primera vez una mujer que no fuera su madre lo había tocado.

La historia corrió pronto de boca en boca, y el Hombre Elefante comenzó a recibir visitas de muchas mujeres, que deseaban conocer a aquel ser humano tan sensible. No faltó la flor y nata de la nobleza: la más famosa de todas ellas fue la princesa de Gales, quien también le tomó de la mano y habló un buen rato con él. Su visita se repitió en numerosas ocasiones.

Ese verano Merrick fue a vivir con el guardabosque local, un hombre que no se asustaba del aspecto de su invitado. Durante un mes y medio, fue el ser más feliz sobre la tierra: paseaba y observaba las plantas y los animales de la zona. La vida parecía sonreírle: se sentía valorado y querido. Entonces, ocurrió lo inesperado: una mañana fue encontrado muerto en su cama.

BUSCANDO LA PROPIA IDENTIDAD. SITUACIONES COTIDIANAS EVOLUTIVAS

La dignidad con la que Joseph Merrick vivió nos recuerda que la identidad es, al final, un proceso subjetivo. Depende de lo que somos, pero también depende de lo que creemos que somos. Para conseguir la felicidad hay que tener en cuenta la forma en que nos perciben los demás, pero también es muy importante cómo nosotros creemos que nos perciben.

Merrick consiguió combinar las dos cualidades necesarias para ser uno mismo. Por una parte se sentía diferente: sabía que era una persona físicamente muy especial. Por otra, se sentía parte de la sociedad y no quería estar apartado de ella. Ése es el equilibrio que pretendemos conseguir en nuestros hijos: tienen que sentirse distintos de los demás, pero a la vez deben sentirse parte de la sociedad. Si la balanza se desequilibra hacia uno u otro lado, tu hijo no será feliz.

Ayudar a tu hijo a formar su identidad requerirá también paciencia. Tendrás que ir introduciendo conceptos en función de la etapa evolutiva en la que el niño se encuentre. El objetivo del proceso, recuérdalo, es conseguir que tu hijo sea él mismo y, a la vez, esté integrado en su mundo.

> **PERSONALIDAD Y REPRESENTACIÓN**
>
> En estos primeros años de su vida, sorprenderás muchas veces a tu hijo jugando a ser el profesor, a ser mamá, a ser un héroe... El niño está aprendiendo a representar roles. Déjalo jugar y ayúdalo en el proceso de buscar el papel que mejor vaya con su personalidad, porque eso es lo que hará el resto de su vida.
>
> El ser humano representa continuamente un rol ante los demás. Intentamos mantener una imagen apropiada a la situación en la que estamos para conseguir la aprobación de los otros. Para determinar cuál es la mejor aproximación, sopesamos presentaciones alternativas, es decir, distintos papeles, y nos quedamos con aquel que creemos que mejor se adapta a lo que queremos que los demás piensen de nosotros. Somos distintos con los amigos, en el trabajo o con nuestra pareja porque pretendemos dar imágenes distintas. El problema viene cuando el papel que estamos representando nos lleva a actitudes, formas de comunicación y gestos que implican un tipo de vida que no se corresponde con nuestro interior. Por ejemplo, una persona que ha adoptado el papel de buena y condescendiente, pero que, a la vez, esté acumulando mucha ira interior, puede llegar a sentirse realmente mal. Y también sufrirá alguien que siempre tiene el rol de gracioso y no tienen ningún espacio en el que poder manifestarse de forma menos frívola: sentirá que se ignora toda una parte de su personalidad.
>
> Encontrar el rol apropiado le llevará mucho más tiempo. Pero en estos primeros seis años de su vida habrá probado todos los papeles que una persona puede interpretar. Déjalo jugar: es el momento.

EL BEBÉ TIENE ALGUNA DISCAPACIDAD 0 años/18 meses

Tómate un tiempo para el proceso de adecuar la imagen que tenías del niño a la realidad. Antes de que tu hijo naciera, tú ya tenías una imagen de él. Es normal: el nacimiento de un hijo comporta profundos cambios psicológicos que ya se habían empezado a producir durante el embarazo. Incluso antes de la concepción, los padres tenemos una imagen de cómo nos gustaría que fueran los hijos. Y siempre imaginamos un bebé en el que podamos reflejarnos, porque queremos que el niño suponga la continuidad de nuestro proyecto vital. Inevitablemente, esa imagen utópica de nuestro hijo tiene siempre que cambiar: el niño es real, no es una fantasía de nuestra mente. Ajusta tu imagen a la realidad, porque esta adecuación constituye un proceso necesario para el crecimiento del recién nacido como sujeto.

Es normal que ante la noticia de que el bebé es portador de una discapacidad te sientas profundamente afectado. Esto no sólo es debido a lo que supone físicamente el diagnóstico: la noticia también te generará una serie de sentimientos muy intensos hacia el bebé y hacia ti mismo. Se produce una ruptura con las fantasías, con el vínculo que se había establecido previamente, y todo ello supone el inicio de un intenso proceso de duelo por la pérdida del hijo deseado. La elaboración de este duelo te resultará complicada: te tienes que desvincular del hijo ideal que soñaste y acercarte a tu hijo con discapacidad. Es un proceso largo pero necesario para la reconstrucción de un lugar interno nuevo para el niño que ha nacido, para que puedas llegar a desear ser padre de ese hijo. Este proceso conduce a una progresiva aceptación de la realidad.

Un bebé con una discapacidad necesita lo mismo que cualquier otro bebé: que jueguen con él, que le hablen y que lo quieran. Muchas veces el concepto de discapacidad envuelve la identidad del recién nacido impidiendo que los padres vean al hijo que hay detrás. A veces, te resultará complicado dar lo que el niño necesita porque querías un hijo diferente, y no sabes o no puedes acercarte a él. Hay una distancia entre el hijo que te habías imaginado y el que ha nacido. No te sientas culpable por este tipo de sentimientos: el nacimiento de un niño con discapacidad genera mucha angustia y constituye el origen de reacciones psicológicas complejas, que varían según el tipo de déficit o patología y los factores que la causaron, y según tu propia personalidad.

Vas a pasar una serie de etapas. Primero, estado de *shock* y angustia inicial debido a que no esperabas que sucediera o bien, si lo sabías, ahora te enfrentas a la realidad. Después, negación de la realidad, enfado o tristeza. Más tarde, equilibrio y sensación de confianza en la propia capacidad para ocuparse del niño tal como es. Posteriormente, reorganización y ajuste a la situación. Y finalmente, organizarás tu vida en función de las necesidades del niño. Es muy importante que encuentres un espacio de contención de la angustia y de las reacciones emocionales. La vulnerabilidad emocional de los padres en los primeros momentos después del nacimiento del bebé provoca una gran inseguridad en su función como padres.

Reconstruye tus *fantasías* sobre las gratificaciones que te dará tu hijo. Tu hijo crecerá con una personalidad propia, con un ritmo de desarrollo determinado y con un futuro de posibilidades diversas. Es decir: como todos los niños, tendrá sus particularidades propias, pero también será parecido a la familia a la que pertenece. Pensarlo así te ayudará a encontrar elementos de identificación con el recién nacido. Es importante que busques atención temprana, es decir, profesionales que te ayuden a ti y al niño. Ellos colaborarán en el proceso de estructuración de la personalidad del niño, potenciando su desarrollo y facilitando los recursos necesarios para su adaptación y crecimiento.

La identidad se forma, inicialmente, a través de la imagen que los padres tienen del hijo dentro de la estructura familiar. Es importante que el niño sepa a quién se parece, que encuentre el origen que lo inscriba dentro de una familia y en un árbol genealógico. El niño con discapacidad suele encontrar dificultades en este proceso: esfuérzate en ello porque será parte importante de su desarrollo.

Una vez se ha descubierto la identidad del niño discapacitado y se han aceptado tanto sus aspectos más débiles como los más desarrollados, éste está en mejores condiciones de integrarse socialmente. No ya en el deseo de ser como los otros o de hacer comparaciones fijándose en lo que no puede hacer o conseguir, sino desde la aceptación de su propia realidad, con sus limitaciones, pero con plena conciencia de sus propias posibilidades.

APRENDER DE LA DIFERENCIA

Los seres humanos reaccionamos de dos maneras ante lo diferente: a veces, lo estigmatizamos; en otras ocasiones, nos gana la curiosidad, y aprendemos a través del estudio de la diferencia. Un ejemplo de esto es el cambio que se ha producido en la forma de tratar el tema de los niños zurdos.

Desde la antigüedad, el lado izquierdo (el siniestro, no lo olvidemos) ha sido asociado a lo extraño, a lo diferente, a lo maldito. El lado diestro, por el contrario, ha ido unido, en muchas culturas y épocas, al fluir normal de la vida, a la rutina, al poder.

A pesar de la gran cantidad de zurdos famosos (Juana de Arco, Picasso, Julio César, Leonardo da Vinci, Ramses II, Alejandro Magno, Paul McCartney, Miguel Ángel, Napoleón, Josefina), el predominio de la tendencia derecha se ha convertido en tradición y ha hecho de la izquierda un tabú.

En el cristianismo, por poner un ejemplo, los simbolismos se basan fuertemente en la mano derecha (con esta mano se da la bendición y se hace la señal de la cruz). Es más, la Biblia contiene un gran número de referencias favorables sobre la derecha y referencias desfavorables sobre la izquierda. Se dice, por ejemplo: «Esos a la derecha heredarán el reino de Dios mientras que esos a la siniestra quedarán en el fuego eterno». Por otra parte, el diablo ha sido retratado muchas veces como zurdo, y los ángeles malvados están al acecho sobre el hombro izquierdo. Por eso, la sal derramada se lanza sobre el hombro izquierdo...

Y la cultura cristiana no ha sido la única en estigmatizar el lado siniestro. Los beduinos colocan a la mujer en la parte izquierda de la tienda para dejar la parte derecha libre para el hombre. Los nativos de Nueva Guinea nunca tocan con su dedo pulgar izquierdo los vasos, por la creencia de que podrían envenenar los brebajes que contienen. En Japón, que una mujer fuera zurda era suficiente motivo para el divorcio. En la India, cuando se buscaba a algún criminal se empezaba por los zurdos. Y las mujeres maoríes ondean sus ropas matrimoniales con la mano derecha: la mano izquierda podría profanarlas. De hecho, la consecuencia de usar la mano izquierda para tal menester es la muerte.

Pero a la vez que se producía esa estigmatización, ha habido estudiosos que se han interesado por la causa de que, aproximadamente el 10 % de la población tenga tendencia a usar el lado izquierdo. Al principio, se aventuraron teorías rebuscadas para explicar la causa de la tendencia universal al lado derecho. Por ejemplo, el historiador inglés Thomas Carlyle argumentaba que en la antigüedad el escudo se sostenía con la mano izquierda para proteger el corazón y, por lo tanto, las armas tenían que ser usadas con la mano derecha. Debido a este hábito, la derecha se convirtió en la mano dominante hasta nuestros días.

Poco a poco, las teorías tomaron consistencia científica. Casi todas basan su argumentación en cuestiones neuronales. Los diestros procesan el habla principalmente en el hemisferio izquierdo, mientras que los zurdos exhiben más variación y necesitan más comunicación entre hemisferios. Según esta teoría, la especialización del cerebro ha resultado más adaptativa que la dispersión, y de ahí el predominio de los diestros. En todo caso, las investigaciones deducen que la tendencia derecha se manifiesta antes de la influencia cultural: las observaciones con ultrasonido de los fetos en el vientre materno revelan que uno de cada diez fetos succionan el dedo pulgar de la mano izquierda.

> Hoy en día, muchas de las cosas que sabemos acerca de neurología, lateralidad y psicomotricidad proceden de ese interés por el tema de los zurdos y los diestros. Y es que… cuando nos dedicamos a analizar los orígenes de las diferencias humanas, aprendemos mucho acerca de aquello que nos hace iguales.

EL NIÑO SE CONSIDERA UN «PATITO FEO»   18 meses/4 años

Cuidado con tus sueños porque pueden no cumplirse. En esta edad, el niño empieza a estructurar su ideal particular que, en gran parte, será el que tú le trasmitas. Si los modelos tienen niveles inalcanzables, al ponerlos en práctica siempre habrá fallos, y eso aumentará las posibilidades de fracaso. Piensa cuáles son tus ideales y hasta qué punto son realistas. Y trata de transmitir a tu hijo un *Yo ideal* que esté un poco por encima de lo que es ahora, pero sólo un poco.

Empieza a ayudar a tu hijo cuando experimente incapacidad, temor, vergüenza o ridículo. Este tipo de sentimientos con respecto a otros niños puede llevarlo a la automarginación. Trata de empatizar con él y entender estas sensaciones, aunque desde tu punto de vista sean inexplicables porque lo ves como un niño sano y querido. Pero su mundo no eres sólo tú. En otros ambientes, es adaptativo tener características que él no posee, y eso puede hacerlo sentirse inferior. Un ejemplo: en ciertos contextos (en la guardería, jugando con sus amigos en casa o en el parque) puede ser que la violencia sea funcional: el que la ejerce acaba consiguiendo ventajas sobre los demás. Si tu hijo no es violento, puede estar muy bien contigo o con sus hermanos, pero no tanto en esos ambientes en que funciona la ley del más fuerte. Tu hijo no puede ser pacífico en casa y violento en esos ambientes, así que habrá circunstancias en las que sus características de personalidad no le sean propicias. Ni tú ni tu hijo tenéis por qué amargaros por eso: ayúdalo a que lo acepte. Explícale en qué contextos le va a ir peor a los violentos y ayúdalo a entender qué opción ha de elegir.

SOMOS TODOS IGUALES

En 1979, el psicólogo Thomas Bouchard descubrió a los mellizos Jim (Jim Lewis y Jim Springer). Su estudio le reveló algo fascinante: a pesar de que estos dos hermanos habían sido separados desde pequeños, sus vidas habían sido prácticamente paralelas. Ambos se habían casado con mujeres que se llamaban Linda. Después, se habían divorciado. Después, los dos Jim se casaron con mujeres que se llamaban Betty. Y ambos tuvieron un hijo llamado James Alan, perros que se llamaban *Toy*, fumaban cigarrillos Salem y conducían un Chevrolet. Además, Jim y Jim trabajaban de ayudantes de *sheriff,* se comían las uñas y tenían en su jardín bancos circulares blancos alrededor de los árboles. Compartían, por último, jaquecas desde los dieciocho años y amagos de infarto desde los cuarenta. Incluso se supo que habían adelgazado y engordado al mismo tiempo. Las semejanzas de los «Jim» eran impresionantes y fueron utilizadas como argumento por muchos investigadores partidarios de que los genes gobiernan nuestra conducta. Aducían que si dos gemelos mellizos criados por separado actuaban de modo tan similar era porque el hecho de tener genes idénticos los llevaba a hacer las mismas cosas. Los fanáticos del determinismo lo tenían claro: hasta el nombre que va a tener la persona de la que nos enamoramos está inscrito en nuestros genes.

El argumento de los mellizos con vidas idénticas parecía irrefutable, hasta que a alguien se le ocurrió plantearse si las similitudes encontradas entre los mellizos eran extrañas probabilísticamente hablando. Algunos investigadores no lo tenían claro: a lo mejor los seres humanos nos parecemos más de lo que creemos... Se pusieron a buscar y a establecer comparaciones vitales con personas que no compartían genes. Y se encontró, por ejemplo, a dos personas llamadas Patricia Ann Campbell que nacieron el 13 de marzo de 1941 en diferentes Estados y sin ninguna ligazón familiar. A pesar de no tener nada que ver la una con la otra, estas dos Patricias eran hijas de señores llamados Robert; ambas trabajaban como tenedoras de libros, habían estudiado simultáneamente cosmética, eran tremendamente aficionadas a la pintura al óleo y se casaron con militares con once días de diferencia entre una boda y la otra. El argumento de las similitudes entre mellizos como prueba de la influencia de los genes cayó por tierra.

Nuestros hijos no son tan diferentes del resto de los niños. Es fácil comprobarlo: si escoges cincuenta rasgos que consideras muy idiosincrásicos de tu hijo (su fecha de nacimiento, el nombre de su mascota, su película preferida, la postura en la que duerme, su color predilecto, etcétera) y los comparas uno a uno con cualquiera de sus amigos, comprobarás que, al menos, veinte son idénticos. Y si el azar ayuda, puede ser que haya hasta cuarenta factores en los que coincidan.

SENTIRSE RARO

Los investigadores Robert Kelck y Angelo Strenta realizaron en 1980 un curioso experimento sobre el tema de la autoimagen. En él, una mujer creía participar en un experimento en el que tenía que hablar con alguien mientras llevaba la cara maquillada con una tremenda cicatriz que le cruzaba la mejilla derecha desde los labios hasta la oreja.

Supuestamente, el experimento trataba de averiguar las reacciones del interlocutor ante la cicatriz, pero en la práctica no era así: idearon una interesante estratagema para eliminar esa cicatriz sin que la participante en el experimento se diera cuenta. Aun así, cuando después se le preguntaba, ella decía que el otro había estado tenso, distante, rígido... Incluso había notado en la otra persona pena y condescendencia, lo cual era, por supuesto, completamente imposible.

Se obtienen resultados idénticos cuando los protagonistas son

> niños. Y eso nos demuestra que si nuestros hijos se sienten diferentes, interpretarán erróneamente modos de ser y comentarios en los que, de otra manera, ni siquiera repararían. Lo que marca la diferencia es que se sientan diferentes, no que lo sean.

EL NIÑO NO ENCUENTRA «SU SITIO» 4 años/6 años

Piensa que lo que está ocurriendo es un proceso, no algo definitivo. La búsqueda de la identidad se desarrolla de forma gradual: funciona a base de ensayo y error. Tu hijo está en lo que el psicólogo Henry Wallon denomina *etapa del personalismo*, para él la más significativa en la construcción de su personalidad. Permítele tomarse un tiempo para explorar distintas personalidades.

Deja que tu hijo se oponga a ti, aunque creas que lo hace de forma ilógica. El niño se diferencia de los demás mediante la oposición hacia gran parte de las propuestas que las personas le ofrecen. Tú has sido su mayor modelo y, por tanto, tú debes ser ahora el objeto de la mayor parte de las *negaciones*.

Cuida la vida emocional de tu hijo. No importa la cantidad de avances y pasos atrás que dé mientras busca su identidad: el proceso será sano en tanto el niño esté bien emocionalmente. Ten en cuenta que, en esta edad, la vida emocional de tu hijo está sufriendo transformaciones profundas: el comportamiento emocional se normaliza y los cambios de humor son menos bruscos, el niño tiende a ser menos explosivo y lo que pierden los sentimientos en violencia lo ganan en variedad y riqueza. Pero, sobre todo, recuerda que tu hijo está socializando sus sentimientos: está aprendiendo a enfadarse «como se enfada todo el mundo», a ponerse triste «cuando la gente se pone triste» y a alegrarse «cuando se alegran los demás». Ayúdalo: recuerda el papel de *anfitrión en la vida* que tienes para tu hijo.

Enséñale a conocer su encanto personal. Tu hijo tiene cualidades que lo hacen único, puntos fuertes que lo convierten, en ciertos momentos, en un niño divertido, cariñoso, amable o creativo. A esta edad, sin embargo, tienen una gran tendencia a ver lo negativo: están empezando a aprender a frustrarse, y las carencias son más fáciles de ver que las virtudes. Ayúdalo a encontrar sus puntos fuertes, pero déjalo que sea él quien los descubra. Utiliza *preguntas socráticas* («¿Por qué crees que (…) quiere jugar contigo?», «¿A que (…) te echa de menos?») para que se responda a sí mismo sus propias preguntas acerca de su identidad. Y, sobre todo, procura flexibilizar tus criterios: si para ti las cosas sólo pueden estar bien o mal hechas, él acabará imitándote y calificándose de forma rígida. Piensa que perfecto, a esta edad, no es nadie, así que no pienses sólo en términos estáticos: tu hijo todavía no hace nada de forma impecable, pero está aprendiendo a ser él mismo.

Asegúrate de que se siente libre al menos en esta fase. A esta edad es cuando más pruebas puede hacer tu hijo. Intenta que no se sienta coartado; piensa si podría elegir, libremente, tipos de personalidad que se adaptasen a su manera de ser. Ofrécele tú posibilidades porque esta fase es, ante todo, una tormenta de ideas: cuantas más maneras de vivir pueda escoger, más seguro estará de haber optado por la que mejor maximiza su potencial y con la que se siente más identificado.

Ayúdalo a no *nadar contra corriente.* Para ser feliz, tu hijo deberá encontrar una forma de ser que concuerde con lo que él es. Dialoga con él y hazle preguntas para que no imite continuamente modelos de comportamiento que no le van. Por ejemplo: tu hijo puede intentar una y otra vez *ir de malo* cuando en realidad es de los que se pone a llorar si pisa una hormiga sin querer. Hay dos frases-*mantra* que te pueden ayudar a hacerle pensar: «No puedes ser más alto, pero puedes ser más fuerte» y «La personalidad perfecta para ti es aquella que te da la fuerza necesaria para cambiar lo que puedes cambiar; la paciencia suficiente para sufrir lo que no puedes cambiar, y la inteligencia que hace falta para distinguir lo que se puede cambiar de lo que no se puede». Hazlo pensar a partir de estas frases.

LAS NUEVAS MANERAS DE VIVIR

Cuando las niñas de los nayar llegan a una determinada edad, se casan. Su marido es elegido por sus padres, pero la verdad es que ése es un detalle sin importancia, porque una vez celebrada la ceremonia, la esposa se irá a vivir a una casa común con sus hermanos y hermanas. Y ése será su hogar durante toda su vida. Por las noches, la recién casada recibirá la visita de aquellos hombres que ella elija. Y cuando nazcan hijos de estas uniones, éstos serán educados entre todos los que habitan la popular vivienda familiar. El hermano mayor de esta mujer será el encargado de poner orden en medio de todo este ajetreo. Según cuentan las crónicas de los antropólogos, parece ser que a veces lo consigue.

Nuestra literatura, nuestro cine y nuestra televisión nos transmitían continuamente una idea monolítica de lo que significa un hogar. Los protagonistas de nuestra cultura vivían casi siempre en una familia formada por una mujer, su marido y los hijos de ambos. Sin embargo, desde hace años las estadísticas nos muestran que este estereotipo lo cumple, como mucho, la cuarta parte de los hogares euroamericanos. El resto están formados por hombres y mujeres que viven solos o con animales no humanos; parejas del mismo sexo; hermanos que viven juntos sin sus padres y otras muchas posibilidades. El prototipo de familia nuclear no es mayoritario en nuestra sociedad.

Y tampoco lo es en el resto de las culturas que habitan el planeta. Los hombres ashanti, de África occidental, por ejemplo, comen con sus hermanas, madres, sobrinos y sobrinas, pero no con sus esposas e hijos. Ahora bien, son las esposas quienes cocinan. En la tierra de los ashanti, todas las tardes hay un tráfico incesante de niños que transportan la comida preparada por sus madres a las casas de las hermanas de sus padres. Existen, asimismo, numerosos ejemplos de sociedades poligámicas, o de culturas donde ser madre soltera es todo un honor: entre los kadar de Nigeria, la mayor parte de los matrimonios son el resultado de esponsales infantiles concertados cuando los niños tienen tres o cuatro años. Pueden pasar hasta diez años antes de que la novia se vaya a vivir con su prometido. Y durante este tiempo no es improbable que quede embarazada de otro hombre y que sea felicitada por ello por la sociedad…, y por el futuro marido.

Los antropólogos denominaban *síndrome del Arca de Noé* a esa sensación que teníamos de que el mundo estaba hecho por y para parejas compuestas de un hombre y una mujer. En otras épocas, la educación de nuestros hijos se planteaba partiendo de esa idea monolítica. Pero parece que, poco a poco, nuestro mundo supera esa limitación y nos abrimos a nuevos modelos de familia. Nuestros hijos vivirán en una sociedad multicultural y tendrán a su alrededor diferentes maneras de vivir. Si los ayudamos a entender que la diversidad les da mayores oportunidades de libertad los estaremos ayudando a entrar en ese nuevo mundo.

9

Mi hijo vive una situación difícil
Cómo educar para superar los problemas

EL ORDENADOR AL QUE LE GUSTABA ESCUCHAR

Uno de los programas más famosos de Inteligencia Artificial fue el *Eliza*. Se desarrolló en el MIT (Instituto de Tecnología de Massachussets) allá por los años sesenta. *Eliza* era, en esencia, un terapeuta rogeriano. Según los seguidores de esta escuela, el terapeuta tiene que servir de espejo al paciente para que éste pueda contar su historia. Y eso es lo que hacía el programa *Eliza*: recogía la palabra más significativa de cada frase del interlocutor y se la devolvía en forma de pregunta. Las conversaciones con *Eliza* eran de este tipo:

–Hoy vengo enfadada con mi madre y, por eso, he llegado tarde.
–¿Y por qué te has enfadado con tu madre?
–Porque nunca entiende lo que le digo, sólo piensa en sí misma.
–Entonces, ¿no te sientes comprendida por tu madre?

Eliza funcionó estupendamente: los que interactuaban con el ordenador se sentían escuchados. Se cuenta, por ejemplo, la anécdota de un famoso e introvertido científico soviético que en una visita al MIT empezó a contar sus problemas a *Eliza* delante de todos sus colegas de trabajo. Acabó *vaciándose emocionalmente* con el ordenador y hablándole de asuntos íntimos que nunca había contado a nadie. Y lo mismo le ocurrió a otras personas. Según J. Weizenbaum, su creador, el programa funcionaba especialmente bien con los niños.

Eliza, al igual que otros programas de Inteligencia Artificial, desarrollaba la función para la que fue concebido: escuchar. Así que en vez de hacernos preguntas más metafísicas («¿Necesitamos ordenadores porque ya no escuchamos a nuestros hijos?») propongo que seamos más pragmáticos y analicemos por qué funcionaba este programa.

> ¿CUÁL ES EL PROBLEMA?
>
> A veces, lo complicado a la hora de ayudar a nuestros hijos a afrontar situaciones difíciles será averiguar cuál es el verdadero problema. El niño, por ejemplo, puede venir del parque diciéndonos que alguien le ha pegado por llevar una determinada ropa. Intentamos averiguar qué ha pasado y no somos capaces de entender lo que ha ocurrido: nuestro hijo parece haber entrado en una *guerra* que no comprendemos. Es lo normal: las guerras sólo se entienden desde dentro.
>
> Para demostrar que el conflicto es un tipo de dinámica que no necesita razones para mantenerse, allá por los años cincuenta del siglo pasado, el psicólogo social Muzafer Sherif fabricó una guerra entre niños sin necesidad de religiones, políticas o enclaves estratégicos. Lo peor del asunto es que tampoco le costó demasiado conseguirlo.
>
> Sherif se llevó de campamento de verano a un grupo de niños de entre once y doce años. Estos chavales no se conocían entre sí, no eran niños patológicos ni difíciles, y no tenían diferencias en cuanto a ambientes socioculturales y económicos. Al cabo de unos días, Sherif decidió crear el conflicto: dividió a los chavales en dos grupos, los Águilas y los Serpientes, sin utilizar más criterio que el azar. En cuanto lo hizo, los grupos empezaron a estructurarse. Los niños se

apresuraron a encontrar un papel en su colectivo: líder, gracioso, débil... Una vez unificados los grupos por separado, Sherif se dedicó a fomentar la competitividad entre ellos ideando tareas en las que sólo un grupo pudiera alcanzar el éxito: un partido de fútbol, el viejo juego de tirar de una cuerda, carreras... Utilizando, simplemente, esta técnica, Sherif consiguió crear una guerra.

La hostilidad entre los Águilas y los Serpientes fue aumentando, y pronto empezaron las peleas y los insultos. Enfrentando a los dos grupos en juegos competitivos, Sherif logró también otro fenómeno clásico de racismo: los miembros de un grupo no hablaban de los miembros del otro como Águilas o Serpientes, sino que inventaron en poco tiempo epítetos despectivos.

Por último, observaron algo muy interesante que también ocurre en los conflictos de la vida real: cuando el psicólogo favorecía a un determinado grupo injustamente, los miembros del otro no reaccionaban contra él, sino contra el otro grupo. Es fácil ver que cualquiera de estos fenómenos habría dejado perplejo a un observador externo que no supiera que había un conflicto soterrado entre dos grupos de niños.

Si nuestros hijos se refieren a algunos niños del parque con nombres despectivos o le echan la culpa a alguien que ni siquiera estaba cuando han perdido una pelota, es importante averiguar si existe algún tipo de guerra dentro de ese parque. Si es así, ayudar al niño a desenmascarar esa guerra y sus causas es una forma de ayudarlo a superar momentos difíciles. En el tema de los grupos, su capacidad de análisis será esencial.

ALGUIEN A QUIEN TODO LO HUMANO LE RESULTA AJENO

Eliza, el ordenador psicoterapeuta, tenía ante todo una cualidad: la escucha activa. Era capaz de preguntar, responder y hablar de forma que la otra persona se sintiera comprendida. Y eso es exactamente lo que buscan nuestros hijos en nosotros en momentos difíciles:

alguien que los escuche mientras cuentan lo que sienten y los ayude a elaborar una narración normalizada del suceso.

La escucha activa conlleva unas cuantas cualidades. Por ejemplo: para ser un buen *escuchador* se necesita preguntar de forma abierta (no valen frases del tipo «Y ahora ya no quieres hablar a ese niño, ¿a que no?»), ayudar a la persona a encontrar un hilo en su narración, estar atento para recoger la palabra más significativa y dar un sentido a lo que nos está contando... Todo esto lo hacía estupendamente *Eliza* y por eso tenemos que aprender de *ella*.

Además, el programa de ordenador tiene una ventaja sobre nosotros: la focalización. Cuando un niño está hablando de algo que le preocupa, le gustaría que el adulto no lo interrumpiera con asuntos *de mayores* («Ya sabía yo que no podía dejarte con la yaya», «Tu padre nunca te ha agarrado bien por la calle»). Pero para nosotros es muy difícil no insertar en la conversación nuestros propios sentimientos cuando alguien nos cuenta algo. Los humanos (y más aún los humanos padres) buscamos dentro de la narrativa de la otra persona las cuestiones que a nosotros nos interesan. *Eliza*, sin embargo, era perfecto para eso: sus circuitos no tenían días buenos ni días malos, así que nunca tenía razón para interrumpir a la persona y contarle sus propias emociones.

Por otra parte, una persona que nos está contando algo para intentar aclararse busca a alguien que lo escuche incondicionalmente, sin juzgarlo. Para nosotros es difícil hacer eso con nuestros hijos: sus pensamientos, sus sentimientos y sus conductas nos afectan. No nos pueden decir: «En ese momento te odiaba por no haber estado allí» y esperar que escuchemos impasibles. Pero a *Eliza* sí le podían decir algo así: era un ordenador.

Por último: otra de las cualidades indispensables para ser un buen *escuchado*r es la tolerancia a la tensión interpersonal. Para ayudar a nuestros hijos a afrontar un problema, tenemos que darles la oportunidad de que nos cuenten todo el asunto, incluido aquello que nos resulta más duro escuchar. El dolor que el niño ha sentido o los sentimientos desagradables (puede haber tenido ganas de matar a alguien o de morirse) son ejemplos de emociones que nos produce tensión escuchar. Los mejores *escuchadores* son aquellos que toleran esa tensión y siguen escuchando. ¿Y quién mejor para eso que un ordenador al que todo lo humano le resulta ajeno?

DULCIFICACIÓN DEL RECUERDO

La historia la cuenta el psicoanalista Boris Cyrulnik en su libro *Los patitos feos:*

El pequeño Bernard fue arrestado con seis años por la policía del régimen nazi y fue llevado a un gran teatro donde se hacinaban miles de personas. Él sabía que esta detención suponía su condena a muerte. Era el preso más joven del lugar. Quizá, por eso, fue el único que tuvo la sangre fría suficiente para observar los ritmos de entradas y salidas, y elaborar un plan para huir.

Bernard consiguió salir corriendo. Pero lo siguió un grupo de policías dispuestos a matarlo. En un momento de la persecución, una enfermera llamó al niño y lo hizo entrar en una ambulancia donde agonizaba una mujer. Bernard se escondió debajo del colchón de la moribunda y, durante un buen rato, permaneció inmóvil. Cuando la ambulancia arrancó, el niño suspiró aliviado. No sabía que se acercaba el momento crucial de su vida: un médico militar se aproximó a examinar a la mujer. Bernard recordaba cómo su mirada y la del médico se cruzaron, y cómo éste dio la orden de partida aceptando la fuga del niño.

Ésta era la versión que Bernard se contaba a sí mismo y la que contaba a los demás. Hasta que muchos años después, consiguió encontrar a la enfermera que lo había salvado. Ella le confirmó, punto por punto, todos los hechos de la historia, exceptuando uno: el médico nunca supo que Bernard estaba escondido en la ambulancia. De hecho, lo único que hizo fue abrir el vehículo y autorizar la salida diciendo: «¡Que se muera esta mujer! ¡Aquí o en otro sitio! ¡Lo importante es que se muera!».

Las personas que han vivido acontecimientos duros en su infancia pueden convertirse en adultos realizados. Para conseguirlo, tienen que integrar esos hechos en su historia personal sin convertirlos en traumáticos. Ninguna herida es irreversible, porque todos los seres humanos cuentan con gran número de mecanismos de defensa que les permiten afrontar estas situaciones.

Uno de esos mecanismos de defensa es la reconstrucción del recuerdo. Al igual que hacemos nosotros, nuestros hijos se contarán a sí mismos su pasado de la forma más optimista posible. Eso fue lo que hizo Bernard: para seguir confiando en el ser humano, reconstruyó su historia de forma que, al menos, hubiera un personaje bueno entre los malos. El recuerdo era falso, pero su moraleja le sirvió para seguir adelante.

Los mecanismos de la memoria no están hechos para ser una fotografía de la realidad. Sirven, sobre todo, para seguir adelante y mirar hacia el futuro con esperanza. Para eso, si hace falta, nos inventamos los recuerdos. Nadie puede cambiar el pasado, pero todo el mundo puede contarlo de otra manera.

LOS HUMANOS PODEMOS ABRAZAR

No te asustes: a pesar de que parezca que *Eliza* hacía perfectamente muchas de las cosas que a nosotros nos cuesta hacer, eso no quiere decir que te haya salido un competidor a la hora de ayudar a tu hijo a superar problemas. *Eliza* funcionaba muy bien a la hora de escuchar, pero nunca conseguía consolar realmente a los niños. Como cuenta Weizenbaum: «Había un momento en que el niño miraba al ordenador esperando un abrazo..., y se quedaba decepcionado cuando éste no se lo daba». Los humanos tenemos una serie de capacidades que un programa de inteligencia artificial no posee: sabemos abrazar, mirar, besar, reír...

Pero la moraleja de este cuento no es que al final ganemos la competición: lo que debemos sacar en conclusión es la importancia de saber escuchar cuando nuestro hijo atraviesa un momento difícil.

De hecho, ésa es una de las cosas que vamos a aprender a lo largo de este capítulo.

UNA PALABRA MUY FEA QUE RECOGE UN HERMOSO CONCEPTO. SITUACIONES COTIDIANAS EVOLUTIVAS

En este capítulo vamos a encontrar situaciones que nos permitan entrenarnos en esa habilidad (la escucha activa) y en otras igual de importantes. El fin último es ayudar a nuestro hijo a aumentar su capacidad de resiliencia.

La *resiliencia* es la capacidad de una persona para seguir proyectándose en el futuro a pesar de acontecimientos desestabilizadores (problemas, condiciones de vida difíciles, acontecimientos traumáticos...). A pesar de que la palabra no tenga una sonoridad muy estética, aumentar la resiliencia de nuestros hijos servirá para fomentar su salud mental. Los niños resistentes (es decir, aquellos que tienen una gran resiliencia) pueden encajar situaciones complicadas y seguir desenvolviéndose y viviendo, incluso, mejor. Vivir y asumir problemas desarrolla en ellos recursos latentes e insospechados.

Ése es el objetivo de este capítulo. Como siempre, la idea es afrontar cada posible situación como una oportunidad de acercarnos al objetivo. La estrategia y la intensidad de nuestra labor educativa en resiliencia dependerá del nivel de desarrollo en el que se encuentre el niño. Es un trabajo complicado que sólo se puede hacer poco a poco, pero te aseguro que merece la pena. Vamos a ver algunas situaciones.

EL BEBÉ NO ACEPTA QUE YO VUELVA A TRABAJAR   0 años/18 meses

Reflexiona acerca de ello: ¿quién no acepta bien la separación? ¿Tú o él? Si crees que tu bebé lo está pasando peor que ningún otro por tu vuelta al trabajo y le cuentas a todo el mundo que «el pobrecito es que no puede con ello», quizá seas tú quien no tiene asumido el hecho. La vuelta al trabajo es una situación difícil para los dos: si tú te sientes culpable y le pides perdón con la mirada cada vez que te vas, será más complicado para ambos.

No le ocultes la dificultad de afrontar la separación. Piensa que la convivencia familiar consta de una larga serie de transacciones en las cuales se anulan las necesidades de un miembro a favor de otro: eso la hace complicada, pero también fascinante. Esta vez sus necesidades no son las beneficiadas y, por eso, puede ser una buena oportunidad para enseñarle tolerancia a la frustración. Lo que desean los adultos y los niños en la vida doméstica es a veces totalmente opuesto, y él tiene que saberlo desde el principio de vuestra convivencia. Este tira y afloja entre vuestras necesidades es una situación difícil que se resolverá cuando vea que, globalmente, tanto sus requerimientos como los de los demás serán tenidos en cuenta. A veces prevalecerán tus necesidades, a veces las suyas. Pero, en todo caso, la situación no es grave y tienes que hacérselo saber con tu comunicación no verbal.

Empieza por afrontar el problema que tú tienes: después te será más fácil afrontar el del niño. Si te agobia tener que combinar la vida laboral con la familiar, trata de poner solución: no seas tan exigente contigo mismo (ningún padre puede hacer todo bien); establece prioridades y asegúrate de tener tiempo para las cosas primordiales. Si tú no estás estresado, tu hijo no lo estará. Para él, será una situación difícil, pero no desbordante.

Ayuda al bebé a normalizar la situación: la situación es difícil, no dramática. Realiza una introducción progresiva de la persona que va a cuidar al niño mientras tú no estés y muestra una total confianza hacia esa elección. No le mientas («Ahora mismo vuelvo, cariño»): no decir la verdad demostraría que la situación es dramática y, por eso, no eres capaz de hablar de ella con tranquilidad. Dile la verdad («Me voy a trabajar y volveré por la noche») y procura que el resto del día transcurra para él de forma parecida a como era hasta entonces (pídele a la persona que lo cuide que mantenga los hábitos y las rutinas).

Refuérzalo, al volver los primeros días, por lo bien que está llevando la difícil situación. No hay que hacer excesos (no le traigas un juguete cada vez que vengas del trabajo), pero sí hay que recordar que el refuerzo positivo (premiar lo que ha hecho bien) es más importante en la educación que el negativo (castigar cuando lo ha hecho mal). No te dejes llevar por la sensación de alivio si todo ha salido bien: tu hijo ha afrontado la que posiblemente sea su primera situación difícil y es bueno que lo sepa.

NARRATIVAS

Ayudar a tu hijo a encontrar una forma de contar sus «momentos difíciles» es ayudarlo a interiorizarlos y conseguir que formen parte de su vida. Porque el mundo mental de tu hijo se organiza y se mantiene a través de las historias que cuenta a los demás, o que se cuenta a sí mismo.

Las narrativas tienen un papel central en organizar, mantener y hacer circular el conocimiento de nosotros mismos y nuestros mundos: para dar sentido al mundo, las personas tenemos que ordenar los acontecimientos de nuestra vida en secuencias coherentes. Tu hijo puede contar (y contarse) que «soy tonto, y por eso no soy capaz de aprender a leer». Si ésa es su narrativa, si ésa es su historia, se encerrará en sí mismo y será muy difícil ayudarlo a superar el problema. Pero también puedes contarle que «te está costando más que a los demás, pero no es problema: nadie es bueno en todo». Si lo hace así, hará encajar todas sus experiencias en esa narrativa e intentará superar el problema.

Recuerda: en la vida de tu hijo hay muchas cosas que no llega a ver porque no encajan en su historia personal. Por eso, es importante ayudarlo a encontrar una narrativa que lo haga más resistente ante los problemas y le haga ver aquello que lo va a hacer fuerte (sus capacidades, las posibilidades de cambio que todavía existen, etcétera).

Anderson lo explicaba así: «La vida es el asunto de contarnos a nosotros mismos historias acerca de la vida, y de saborear historias acerca de la vida contadas por otros, y de vivir nuestras vidas de acuerdo con tales historias, y de crear historias nuevas y más complejas acerca de las historias...». Es decir: la vida de tu hijo depende del cuento que se cuente. No lo olvides.

EL LENGUAJE EN LOS NIÑOS

Para empatizar con el niño (es decir, para comprender su punto de vista y sus sentimientos en los momentos difíciles) es importante comprender su forma de expresión verbal. Y para hacerlo, es esencial tener en cuenta la fase de desarrollo en la que se encuentra. En general, podemos distinguir las siguientes fases de evolución del lenguaje infantil:

1. Los seres humanos tardamos aproximadamente un año en desarrollar las bases necesarias para la aparición del lenguaje oral. En esa etapa, tu hijo utiliza los sonidos para conseguir una respuesta de su entorno, pero se trata más de una conducta imitativa de los adultos que la representación de palabras concretas.

2. Después, poco a poco, va aumentando su léxico. Además, al dirigirte al niño vas cambiando el tono de voz: de enfado, de broma, con afecto... El pequeño te imita, y así va adquiriendo un valor representativo de lo que escucha.

3. Más tarde, llega la etapa del lenguaje particular del niño, una jerga difícil de entender para los adultos y que lo acompaña en casi toda su actividad. Añade, después, *palabras-frase*: vocablos que quieren decir muchas cosas o expresar múltiples deseos o necesidades. Si en esta época, por ejemplo, el niño te dice que «está muy triste» días después de haber pasado por un momento difícil, hay que tener cuidado antes de entender la frase con sus connotaciones habituales. Es posible que el niño la utilice como comodín: «Estoy muy triste» puede significar «Estoy aburrido» o «Quiero ir a otro sitio donde haya más juguetes».

4. A partir de los dos años, tu hijo irá ampliando rápidamente su vocabulario y empezará a comprender el significado de muchas palabras. Pero hay que tener presente que todavía no tiene clara la idea de su identidad frente a los que lo rodean (por eso,

> por ejemplo, utiliza su nombre para designarse, hablando de sí mismo en tercera persona). Esa forma de hablar fusionada puede confundirte: a esta edad, «Estoy triste» puede significar «Mi familia está triste».
>
> 5. En torno a los tres años, nos encontramos habitualmente con el típico charlatán que no para de hablar, presentando en su lenguaje un matiz egocéntrico: todo le concierne, todo tiene que ver con él. Su mayor motivación es practicar sus recién adquiridas habilidades: le encanta preguntar, le cuesta respetar el turno de palabra de los demás y no escucha lo que le contamos porque está pensando en lo que va a decir él... En esta época, expresar emociones con respecto a un problema es, en parte, una forma de convertirse en el centro de atención mientras habla.
>
> 6. Si el proceso ha sido el correcto, a partir de los cuatro años, tendrá la madurez suficiente a nivel lingüístico como para que tú puedas empezar a interpretar lo que dice de una forma más o menos literal. El lenguaje te permitirá comunicarte con él y, aunque esté en otro mundo, estará también en el tuyo.

EL NIÑO PASA POR MOMENTOS DIFÍCILES Y NO ME LOS PUEDE EXPLICAR   18 meses/4 años

Ten en cuenta en qué etapa del desarrollo lingüístico está y ayúdalo a desarrollar su lenguaje para que pueda expresar emociones lo mejor posible. La comunicación verbal acabará por ser vuestro principal modo de contacto. Por eso es importante que lo ayudes a desarrollarla. Algunos consejos útiles son:

- Estimula al niño desde que nace; háblale aunque creas que no te entiende. No lo abrumes, pero cuéntale lo que vas a hacer, lo que estás haciendo, adónde vas... Hazle preguntas para que él también hable.

- Deja siempre un espacio para que el niño exprese sus deseos, necesidades, sentimientos y pensamientos. Intenta, en esos espacios, ser paciente con su dificultad de expresión: cuando le preguntes algo, déjale tiempo para que responda. Y cuando le pregunten a él, espera a que sea él quién conteste. No te adelantes a su respuesta.
- Utiliza palabras correctas para designar los objetos, acciones y situaciones, y procura evitar el continuo uso de diminutivos. Él aprende por imitación: si tú lo imitas a él, no aprenderá nada.
- Háblale en un tono de voz correcto. No se puede pedir a un niño que no grite si los adultos de su alrededor lo hacen. Respeta y hazle respetar los turnos de palabra. Habitualmente, le pedimos al niño que lo haga, pero pocas veces lo cumplimos nosotros.
- Cuando tu hijo diga una frase, trata siempre de extenderla sintáctica y semánticamente. Cuando haces expansión sintáctica, respondes a la frase «coche grande» diciéndole: «Sí, es un coche grande». Es decir, introduces nuevos elementos sintácticos para alargar sus frases, enseñándole a usar los elementos nexo del lenguaje. Cuando haces extensión semántica, él dice, «Mira, un coche grande», y tú le respondes: «Sí, es un coche grande y muy bonito», aumentando así la cantidad de palabras que el niño usa habitualmente.
- Festeja su esfuerzo y felicítalo cuando lo haga bien. Si lo hace mal, no le digas nada. En el tema lingüístico, es mejor dar sólo el modelo correcto: las correcciones continuas no enseñan.
- Fomenta su gusto por la lectura. Déjalo que él vaya encontrando sus libros. Mientras él no puede, cuéntale un cuento. Si no entiende una palabra, hay que explicársela y relacionarla con otros vocablos.

Por otro lado, ayúdalo a expresar todo lo que siente mediante otros medios. La comunicación no verbal es uno de ellos: los niños de esta edad saben poner caras que expresan emociones, modular el tono de voz según el estado de ánimo que quieren transmitir… El dibujo puede ser otra forma de comunicarse, pero también lo es el baile o la representación. En esta edad, lo más seguro es que el lenguaje no sea el método de comunicación en el que tu hijo pone más empeño.

EL NIÑO SE SIENTE INDEFENSO ANTE LOS PROBLEMAS   4 años /6 años

El síndrome de indefensión es la sensación que vive un niño cuando siente que no tiene ningún grado de control sobre la situación. Después de una situación difícil, cuya resolución dependía del azar o de personas en las que no confiaba, tu hijo puede aprender que, a veces, el resultado de una situación no está ni en sus manos ni en las de aquellos que lo protegen. El conflicto llega cuando el niño generaliza esta sensación a todos los problemas vitales.

El síndrome de indefensión disminuye la motivación del niño para controlar su vida. Si se siente así, empezará a pensar que no vale la pena intentar hacer nada. Y se le olvidarán los problemas en los que su forma de actuar o la nuestra sirvieron para que las cosas salieran bien y aumentará su miedo a la vida.

Vigila los posibles síntomas. Si tu hijo pierde gusto por los placeres cotidianos, no tolera el fracaso en cuestiones nimias (hace un mundo de cualquier pequeña frustración), está más susceptible ante los demás y muestra poca autoestima, es bastante probable que se sienta indefenso.

Ayúdalo a recuperar la sensación de control. Tiene que volver a aprender que lo que haga puede cambiar su vida. Puede haber vivido experiencias de incontrolabilidad concretas ante una determinada situación o una determinada persona, pero la vida sigue sometida a ciertas leyes. Recuérdale todas las veces en que sus actuaciones y las tuyas sirvieron para cambiar los acontecimientos.

Comienza la recuperación del control por cuestiones de la vida cotidiana. Hazle ver que cuidar su salud, divertirse o jugar con sus amigos le sirve para sentirse mejor. Haz que se fije en cómo cambian las personas cuando él cambia su actitud («¿A que tus amigos están más alegres si tú lo estás?»). Recuerda que parte del síndrome es la dificultad para volver a aprender esta relación entre conducta y resultados.

Evita el *síndrome de hospitalización*. Es decir, no lo cuides y le des todo hecho como si fuera un enfermo: eso haría que perdiera completamente la sensación de control interno. Recuerda que tu hijo no está enfermo. Lo que ocurre es que está aprendiendo a superar sus problemas.

EL NIÑO QUE SUPERABA PROBLEMAS

La resiliencia (la capacidad de los seres humanos para superar situaciones difíciles) es uno de los temas que más interesan en la psicología actual. El protagonista de la película *Billy Elliot* es un buen ejemplo de una persona que, gracias a esa capacidad, se convierte en lo que quiere ser a pesar de las circunstancias y las personas que lo rodean.

Billy es un niño de diez años, el hijo menor de una familia de escasos recursos. Vive en un barrio minero de Inglaterra, en el que su familia soporta, a duras penas, las duras condiciones de la época del gobierno de Margaret Thatcher. Su madre ha fallecido hace poco tiempo y el dolor de su ausencia aún se percibe en su familia. Su padre y su hermano viven amargados y llenos de rabia hacia el mundo. En medio de esas circunstancias, Billy descubre una afición que cambiará su vida: el baile.

¿Cómo consigue nuestro protagonista seguir adelante en medio de estas circunstancias? ¿Cuál es el secreto de su capacidad de resiliencia? La película nos va mostrando, poco a poco, la personalidad de Billy y las razones de su fuerza. Es un muchacho alegre, capaz de convertir cualquier detalle de su vida en motivo de risa. Ésa es una de las causas de su resistencia en una situación límite.

Otra de las cualidades de Billy aparece en muchos estudios como uno de los grandes factores de resiliencia: es la capacidad de sacar fuerzas de las relaciones con los demás. Las personas más resistentes tienen una gran sabiduría emocional: se vinculan con aquellos que más los van a ayudar a crecer como individuos. La profesora que ayuda a Billy a entrar en el mundo del ballet se convierte para él en una sustituta de la madre que nunca tuvo. Y lo ayuda a enfrentarse a los obstáculos que los demás le ponen.

Porque la principal dificultad de Billy es ésa: conseguir bailar, es decir, conseguir ser él mismo, en un mundo sexista donde su afición es considerada cosa de niñas. A pesar de que el chico está en la edad en que sería natural que su padre y su hermano se convirtieran en figuras de referencia, él tiene que renunciar a su apoyo para llegar a ser él mismo.

El último secreto de Billy, una autoestima a prueba de bombas, es lo que le permite continuar adelante en su difícil tarea. Lo que pretende el muchacho es seguir queriendo a los suyos, pero que éstos lo respeten en su diferencia; difícil tarea para la que, desde luego, se necesita una gran capacidad de resiliencia.

A los padres nos cuesta a veces creer que podemos fortalecer esta cualidad en nuestros hijos. Los vemos más indefensos de lo que pueden llegar a ser. Pero no debemos olvidar una cosa: el guión de *Billy Elliot* está basado en una historia real. Y después de ver la película, muchas personas recordaron que su historia era muy parecida.

BIBLIOGRAFÍA SELECTA

20 LIBROS PARA PADRES CON POCO TIEMPO Y MUCHO CARIÑO

Beetlestone, F.: *Niños creativos, enseñanza imaginativa*, La muralla, Barcelona, 1999.

Bowlby, J.: *El vínculo afectivo*, Paidós, Barcelona, 1997.

Bronstein, V. y Álvarez, S.: *Niños creativos*, RBA, Barcelona, 2001.

Bruer, J. T.: *El mito de los tres primeros años,* Paidós, Barcelona, 2000.

Cubells, J. M. y Ricart, S.: *¿Por qué lloras?*, Martínez Roca, Barcelona, 1999.

Cyrulnik, B.: *Los patitos feos,* Gedisa, Barcelona, 2002.

Davidson, A. y Davidson, R.: *Los secretos de los buenos padres: cómo tener hijos equilibrados,* Medici, Barcelona, 1998.

Diaz, C.: *Diez palabras clave para educar en valores*, Emmanuel Mounier, Barcelona, 1998.

Dolto, F.: *El niño y la familia: desarrollo emocional y entorno familiar*, Paidós, Barcelona, 1998.

González, C.: *Bésame mucho*, Temas de hoy, Madrid, 2003.

Harris, J.R.: *El mito de la educación,* Grijalbo, Barcelona, 1999.

Langis, R.: *Aprende a decir NO a tus hijos*, Sirio, Málaga, 1999.

Leboyer, F.: *Shantala: El arte tradicional del masaje de los niños*, Edicial, Madrid, 2000.

Miller, A.: *Por tu propio bien. Raíces de la violencia en la educación del niño*, Tusquets, Barcelona, 1998.

Paniego, J. A.: *Cómo educar en valores: métodos y técnicas para desarrollar actitudes y conductas solidarias*, CCS, Madrid, 1999.

Sainz, R.: *La aventura de ser padres: cuidados y educación en la infancia,* Libertarias-Prodhufi, Barcelona, 1999.

Small, M.F.: *Nuestros hijos y nosotros,* Javier Vergara editor, <Barcelona, 2000.

Solter, A. J.: *Mi bebé lo entiende todo*, Medici, Barcelona, 2002.

Steede, K.: *Los 10 errores más comunes de los padres*, Edaf. Barcelona, 1999.

Taylor, S.E.: *Lazos vitales*, Taurus, Madrid, 2002.